陈志贤　事事如意

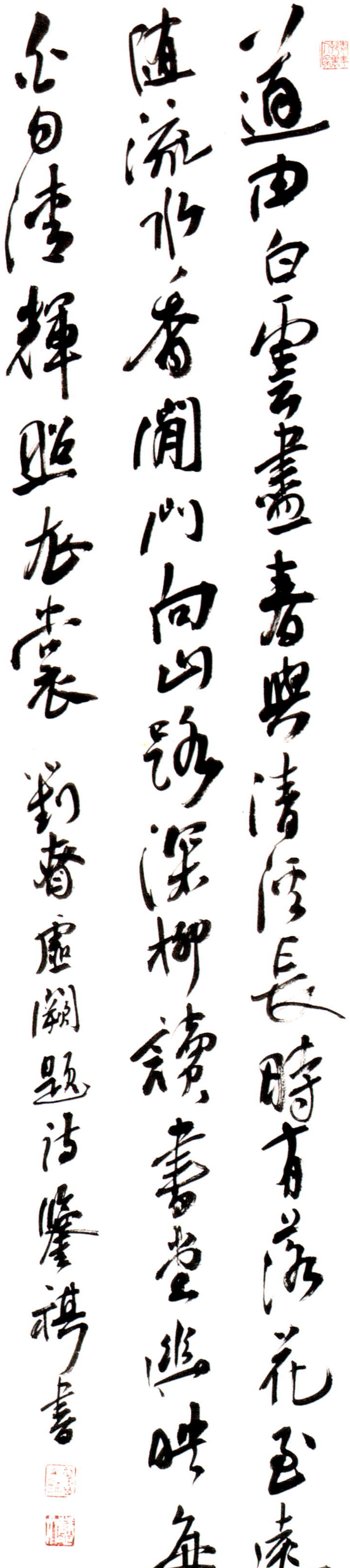

鉴祺行书刘昚虚《阙题》诗一首

道由白云尽，春与清溪长。时有落花生，远随流水香。
闲门向山路，深柳读书堂。幽映每白日，清辉照衣裳。

宋风翔书

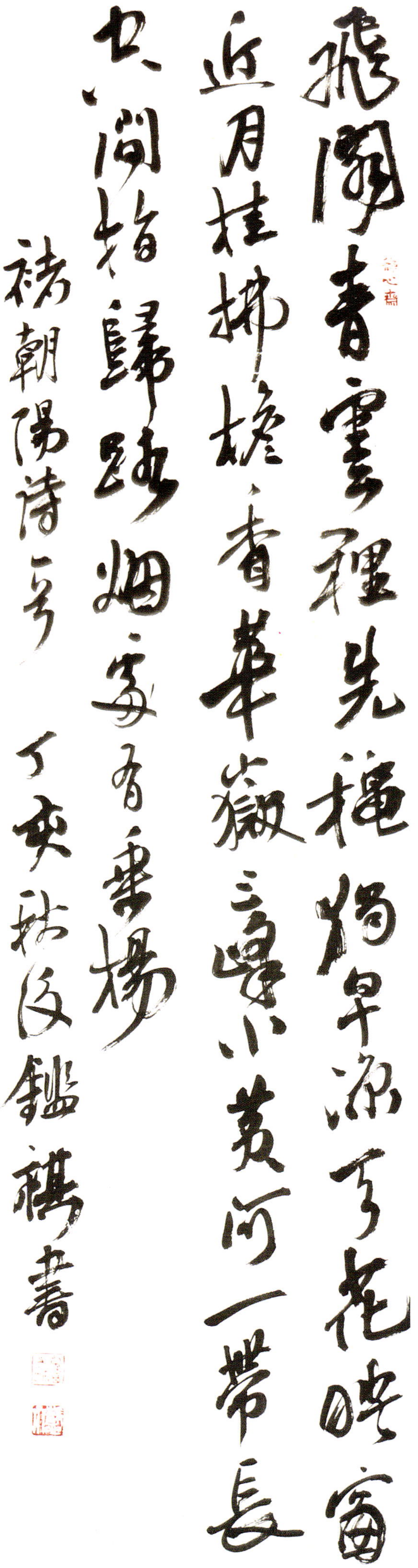

鉴其行书褚朝阳诗一首

飞阁青云里，先秋独早凉。天花映窗近，月挂拂檐香。
华岳三峰小，黄河一带长。空间指归路，烟处有垂杨。

宋风翔书

王挥春　红荷荡荡

年绿湖映朝霞　178 × 98cm　2007年　李智纲

《春满人间》　68×68cm　中国国家博物馆收藏　沈学仁

春到江南　68cm × 68cm　2003年　缪法宝

江涛激荡的峡谷　145.5cm×112cm　2006年　谭涤夫

一路平安　81×120cm　黄建南

五老乐重阳　张京城

唐之詩與書一體同出於心源亦與禪同雖清虛為
之並超心治練空能古鏡照神情與詞榮及筆墨
相互補之意在筆先情於胸中書則成矣

學詩書有感
丁亥 旭宇

旭宇作

中國當代書畫名家年鑒

旭宇題

主　编：李　响

副主编：肖胜英　王小林　李　震

编委顾问：

沈学仁（总顾问）

蔡德霖

王梦湖

王　康

宋凤翔

旭　宇

刘振骠

梁　耘

许世山

谢海林

目录 contents

1

中国当代书画名家年鉴 2007

Chinese present age calligraphy and painting famous expert yearbook

目录 contents

2

中国当代书画名家年鉴 2007

Chinese present age calligraphy and painting famous expert yearbook

山水国画卷

Scenery traditional Chinese painting volume

王梦湖 WangMengHu

王梦湖（树忠），河北丰润人，1942年出生于山海关。中国美术家协会会员，中国山水画研究院常务副院长、中华慈善总会“中华慈善美术家”、《美术家》顾问。2006年被评为“21世纪最具影响力的画家”，2007年入选“中国国画20家”。

其作品多次参加由中国美术家协会举办的全国性画展，入选作品《浣纱图》、《纳西古韵》、《丽江风情》获成就奖，《金沙水拍》获优秀奖，《云起大别山》、《晨曦》等入选中国美术家协会评委会提名展，《水乡》、《任重道远》、《九寨沟纪游》系列和《梅里雪山》系列等多幅作品特邀入选全国性美术大展，《玉龙纳西古镇》入选联合国科教文组织举办的世界文化自然遗产中国地区国画大展，2008年奥运中华鼎 • 百年名画家藏品《夺涛》被中国国家博物馆收藏，《晨曦图—葡萄牙贝伦塔》参加中央新闻办、中国文联、中国美协举办的“同一世界”联合国展。

多幅作品入选中国艺术研究所提名展，数幅作品刊登于《美术》杂志，并有著名理论家评论，数幅作品收入《美术家》、《中国当代画家大辞典》等。先后为中央军委八一大楼绘制巨幅山水《红色瑞金》、《金沙水拍》、《铜墙铁壁》，为国务院绘制巨幅山水《九寨春游》，为中南海绘制巨幅山水《春涛积玉》，为天安门绘制巨幅山水《雪山情》，为外交部绘制巨幅山水《湘西风情》，为人民大会堂绘制巨幅山水《金沙水拍云崖暖》，为北京航空航天大学绘制巨幅山水《晨曦图》为京西宾馆绘制《金沙江》巨幅山水等。为江泽民亲笔题写画名的《江山万里图》99米长卷的创作绘制主笔人之一，并获北京市政府文学艺术奖。

近年来，多次在中国美术馆、当代美术馆、历史博物馆及国外举办画展。出版有《王梦湖画集》、《王梦湖百幅作品集》、《中国山水画 • 写生创作画法》、《国画名家小品技法》、《中国山水画名家技法讲座 • 王梦湖写意山水画艺术》、《名家名画 • 王梦湖写意山水画作品》及《美术家—王梦湖专辑》等画集与专著。

纵观王梦湖的绘画艺术，创作实力雄厚，不断探索、创新，作品造型生动多变，点线厚重苍劲，天论节奏韵律赋予了浓厚的生活气息，极富感染力。 电话：13801073549

九寨沟纪游之四 145 × 365cm 2005年

高山流水　125×245cm　2006年

雪域寄情　125×245cm　2007年

峰峦竞秀　125×245cm　2007年

九寨沟纪游之一　125×245cm　2005年

云翻知雨新 125×245cm 2007年

山中一夜雨之二 125×245cm 2006年

梁耘 LiangYun

梁耘，1943年生，陕西蒲城县人。中国美术家协会会员、国家一级美术师、陕西科技大学教授、陕西文史馆馆员。2005年，组建并成立陕西省山水画研究会，任研究会主席。1982年，两幅油画作品参加“全国煤炭职工美术作品展览”，其中《晨阳》获三等奖。1991年，在陕西省美术馆举办“梁耘山水画展”展出作品百余幅，受到众多专家学者的高度评价与关注。1992年春节，在铜川市举办“梁耘山水画展”，引起轰动。1994年带领铜川市美术写生团到黄河、黄陵、照金等地写生，其后举办“写生汇报展”。同年，国画作品《雄立》参加“全国第八届美展”。1995年调入陕西科技大学任教。1998年速写长卷“渭北莽塬大岭图”入选“全国首届写生展”。1999年，国画作品《曙光之呼唤》参加“全国第二届群星杯美展”。2001年国画作品《曙光》参加建党八十周年美展，荣获二等奖。

曙光的呼唤

2002年，《梁耘山水画选》年历出版。“春暖图”“江岸人家”由国家邮政局印制成明信卡全国发行。2004年“雄立”在人民日报发表，二幅作品在经济日报发表。1998年，二幅作品由辽宁出版社“名家画山水”出版发行。2003年，三幅作品入编“名人山水画集”，由河北出版社出版发行。2003年，二幅作品入编“名人山水画集”，由河北出版社出版发行。同年，学术论文“黄土山水画初探”和“溪山行旅图与照金山脉”，相继在“艺术界”和“中国水墨”杂志出版发行。2005年，作品“生生不息”、“秋色渐去”参加“西部风韵”全国名家邀请展。2007年入编由中国中外名人研究会评定出版的“中国十大画家”。被“收藏界”等十多家杂志评为“最具收藏价值艺术家”。同年，被世界文化艺术鉴定中心、中国收藏学术研究会授予当代画家市场最具收藏价值艺术家称号。著名山水画家家崔振宽先生为他的画册作序评论。对他的山水画给予很高的评价。他的山水画作品，传统功力深厚，又具有鲜明的时代意识和现代气息。作品内涵深邃，生活味强。不事粉饰，不作俗弄巧，不刻意张扬，不随波逐流。作品展现给观众的是质朴自然、华滋苍润、雄强劲健、厚重高华。于浑莽中见“内美”、于朴茂中见灵秀。用笔资肆纵逸而不失法度、用墨干、湿、浓、淡、焦具存而通透畅达。他的画作给人一种积极向上、生机勃发的快意，留给观众一种恢宏壮阔、酣畅淋漓、意味深远、真率清丽的记忆。作品及传略入编《中国现代年鉴》、《中国美术名人名作博览》、《中国美术名人录》、《书画家荐览》等大型典籍。多年来，有数百幅作品被中央领导、省部级领导及海内外人士收藏。

生 生 不 息

源远流长

柏林深处

雄立

春来草木知

陕北山居

故乡情

柏林幽深

春来草木知

彭国昌 PengGuoChang

1955年生，北京翰海画院副院长，河北国画院副院长，河北美协中国画艺委员会副秘书长。1980年毕业于河北大学工艺美术学院。1999年进修于中央美术学院研修班，2004年进北京画院王明明高级研修班，2006年进中国国家画院龙瑞导师首届精英班。1984年开始创作连环画，先后有《西游记—天竺国》、《中国古代科学家》、《中国古代军事家》、《中国古代医学家》、《中国古代文学家》、《中国近代史—重庆谈判》、《中国通史—随朝的建立和统一》、《窦建德河北起义》、《百国历史画册—英国历史部分》等作品出版。1993年为江西美术出版社绘制的大型连环画《中国古代经营谋略—郑和下西洋》荣获国家“五个一”工程奖。1990年山水画《太行牧歌》入选中日美术交流展，为中日友好美术交流协会会员。1999年山水画《太行苍茫气宵宵》获中国共青团书画展优秀奖，同年参加《江山万里图》（江泽民题字）长卷创作，献给澳门特别行政区。2000年作品入选“民族魂、国土情”中国画作品展，同年获河北美术出版社主办的美术作品展二等奖，2001年获中国美协主办的中国画作品 展优秀奖，2002年获纪念毛泽东《在延安文艺座谈会上的讲话》发表60周年中国画展优秀奖和“西部大地情”中国画作品展优秀奖，2003年参加第五届新人新作展，同年获中国美协主办的中国画提名展金奖。2001年获“菜乡情”中国画作品展优秀奖。2007年全国中国画作品展优秀奖。

云山楼台近　138×68㎝

古塬　180×90cm

獨坐空山萬慮忘時隱林隙見天光白雲滿地紅塵少
覺得閑中意味長 丁亥秋月 水金國昌畫

白云绕碧山 138×68cm

王树清　WangShuQing

王树清，1957年7月生，辽宁阜新人，现任阜新市文联主席兼书画院院长。国家一级画家（教授）；国务院特殊贡献专家，享受国务院特殊津贴；中共辽宁省委、省政府拔尖人才；现为中国美术家协会会员、中国书法家协会会员、辽宁省书法创作委员会副主任、辽宁省美术家协会主席团委员、辽宁省政协委员、中国艺术研究院高级访问学者、《新蕾》杂志社社长、阜新市人大常委。

国画作品参加全国第八届美展、中国当代首届山水画展、国际水墨画大展、中国当代山水画名家邀请展、中国"时代风采"写生画展，获国际中国画大展三等奖。作品被国务院、中国美协选定在中南海紫光阁收藏陈列，被中国军事博物馆及多家美术馆收藏。书法作品参加全

塞外绯秋　（尺寸200×200cm）

国第三届、第五届书法展。获全国第六届书法展全国奖，获国际书法大展铜奖等。2幅书法作品被中南海珍藏。出版《王树清国画专辑》、《传统山水画点景集萃》。书画作品参展到美国、法国、日本、加拿大等二十几个国家。2000年率中国艺术代表团赴罗马尼亚举办“中国画精品展”，获得成功；2002年赴美国举办“中国当代水墨画展览”受到欢迎和好评；2004年被评为中国书画百杰，中国邮政总公司遴选其作品制作明信片出版发行；2005年赴日本参加“第四回国际美术友好交流展”；2006年代表辽宁赴江苏中国美术家协会展览中心举办画展，荣获2006年中国收藏艺术博览会十大优秀画家之首；2007年作为签约画家在荣宝斋举办“荣宝斋当代中国画精品•王树清山水画展”，获得京城广泛赞誉；2007年10月在北京《中国书画在线》举办王树清书画展览引起关注；2008年2月为奥组委题写书法长卷，3月中国邮政总局，将出版改革开放三十年王树清山水画纪念邮票。

地址：辽宁阜新市文联（细河区解放大街21－3号）　　邮编：123000
电话：0418－6580798　2280636　　手机：13322321616

壑语峰禅　（尺寸200×200cm）

清廓图　（尺寸48×190cm）

万籁无寂　（尺寸90×180cm）

寻找笔墨后的大境界 ——书画家王树清的个性魅力

白天光

美学家朱光潜说过，个性才是魅力。著名画家王树清，他的魅力就在于他的个性。他在生活中，一些琐事常常被他忘掉，但生活中的大事，能让他痴迷地进入一种意境，那就是他在作画的时候所表现出的痴迷。王树清的魅力还在于他在不经意时的幽默，当然有时候他的幽默还保持着一些矜持。有时候，他每穿一件新衣服上班，总是喜欢在各个办公室走一走，除了对工作进行监督，重要的是他很希望有人能夸他的衣服，如果没有人夸，他就感到失落。他会在适当的时候说，我穿了这么好的一件衣服，你们为什么不夸。便引得同事的大笑。同事们知道了他的秉性，不管他穿的衣服是否得体，总要夸一夸，被人夸的他这一天的心情会非常愉悦，这种愉悦一直会蔓延到他的画室，乃至他的作品中。在人们的印象里，画家的矜持和沉默甚至冷峻，是一种天性，而这些天性在王树清的身上却体现不出来，在他身上，能更多体现出的，是他的温和，雅致，幽默。

法国印象派大师克洛德•莫奈 （Claude Monet，代表作《日出印象》）在创作《日出印象》时，他的朋友塞尚问他，除了日出，你的想象里还有什么？

其实这是画家很难回答的问题，但莫奈却说，我在创作《日出印象》时，除了日出，什么都有。

这是莫奈的机智，其实也是他在创作时的真实状态。

画家王树清在创作《古窑悠幽》完成时，一位记者曾经问过他，您在创作这部作品的时候，是不是已经有了那个充满诗意的古窑？

王树清说，我在创作这个作品的时候，脑子里装满了和古窑无关的风景，这些风景好像在呼唤着什么。后来我才知道，古窑是这个画的灵魂。悠幽是这个古窑的哲学意境。

王树清是一位学识渊博的画家。他对古典文学有很深的造诣，他对西方古典哲学也有精辟的见解。他喜欢读一些杂书，戏曲、小说、文化散文、收藏、植物学、生物学……无所不包，也正是因为他广博的学识，才使得他在画的境界中得到神来之笔。除了作画，他还写了数十万字的文化散文和游记散文。这些散文的切入点，从地域文化介入，捕捉一种大文化境界。有一位作家称，王树清的散文，是对沉积的地域文化的打捞，是一种高尚的文本，充满人文关怀的文本。

王树清既是一位知名画家，也是有很高声誉的书法家。他的书法作品在娟秀中凸显磅礴。他的书法作品是有生命的，能够看出它的动感和它的鲜活。吴昌硕说过，我平生得力之处在于能以作书之法作画。而王树清的书法，也能从画中得来笔意。

清朝戏曲家、理论家、哲学家李渔（1611~1680，原名仙侣，字谪凡，号天徒，中年改名李渔，字笠鸿，号笠翁。浙江兰溪人）在他的经典著作《闲情偶寄》中提到了“人间大隐”之道，这也是作文作画的奥秘所在。王树清稔熟地把握着创作时的大隐之道，他的画和书法作品，都潜伏着笔墨后的大境界。他的山水画《峰峦起舞》、《蕴育生机》、《古韵悠长》被许多鉴赏者称之为画中有画的佳作，因此这些作品有的获奖，有的被国家收藏。

王树清的书画创作正处在鼎盛期，正如他的人格一样，在寡淡中求和谐，在矜持中寻鲜活。王树清说过，“当我找到让我冲动的灵感时，我会很冷静，因为我要在已经产生的灵感里，去深挖我的第二灵感”。这是一句非常理性的话，也是一个画家的崇高的自信，相信王树清的书画创作会稳健地步入新的境界，也会给书画界以大惊喜。

作者简介

白天光，男，1959年出生，毕业于天津商学院。1980年开始发表小说，已发表小说五百多万字。近二百多篇小说被《小说选刊》、《小说月报》等选载。有二十多万字被译成英文、法文、日文、俄文介绍到国外。出版长篇小说《雌蝴蝶》等十一部。《行走的鸡毛掸子》等被改为影视。现为专业作家、辽宁文学院签约作家。兼某杂志副主编，中国作家协会会员。

枇杷　（尺寸68×68cm）

清寂图　（尺寸68×68cm）

缪法宝　MiaoFaBao

缪法宝（古雪）（墨雪山人）斋室：雪洞书屋1936年出生，江苏镇江人，1960年大学毕业，教授，早年师从吕风子、赵良翰先生学画，又经傅抱石、钱松岩、亚明、宋文治、魏紫熙、吴爻发、张新予等先生授课，擅长中国画、书法、版画，作品多次入选文化部、中国文联、中国美协主办的全国美展和多次全国大型展览。《首届全国扇面大展》、《庆祝中华人民共和国成立五十周年全国书画展》，《2001年新世纪全国书画展》、《第四届当代中国山水画大展》、《第五届中国山水画大展》、《全国首届科美展》、《全国版画展》、《1840-2000年中国近代书画展》、《西部情全国书画展》、《迎香港回归全国书画展》、《迎澳门回归全国书画展》、《中华艺术名家三十强联展》等全国展。在中国美术馆、国家历史博物馆等处展出，并在美、英、法、加、澳、德、日、比、巴、新、菲、马、泰、韩、西和港、澳、台展出。多次荣获国际高层次大奖。应邀两次赴新、泰、韩、港、台等及京、津、沪、宁、鲁、肃、蒙、广州、深圳、武汉等处举办个人画展。荣获联合国《世界和平大展》金奖，安南授予联合国奖章、证书。英国剑桥大学世界名人传记中心“世界杰出500名人卓越成就奖”。文化部“国粹奖”、中

房前屋后皆春水　68cm × 38cm　2003年

国文联“艺博会金奖”等六十余次大奖。国家级出版《中国当代书画家缪法宝画集》、《当代著名书法家缪法宝书法集》、《中国画二十家缪法宝画集》；入编《中国历代著名书画家大辞典》、《世界名人录》、《中国美术全集》等百余部典集。作品由国家领导人江泽民、李瑞环、王光英等及国务院、中央军委、文化部、中国文联、中国美协、国家博物馆、中国美术馆和天安门、中南海、人民大会堂、全国人大会议中心、多国大使馆、国内外多所大学及著名收藏家收藏。中国人事部授予“著名国画艺术家”称号，中国文联授予“德艺双馨艺术家”、“中国百杰画家”、“中国山水画两百家”、“新世纪中国画400强”，“中华艺术名家三一强”；联合国教科文授予首届人类贡献奖、美术金奖。世界30余个权威组织联合授予“世界书画名人”，“世界金奖艺术家”。国务院中国亚太经济发展研究中心授予“中国百名行业风云人物”。人民日报授予“华夏实力派书画家”，经济日报授予“中国优秀书画家”，韩国授予“国际功勋艺术家”奖章、证书。国务院授予“中华人民共和国有突出贡献专家”，享受津贴。中南海特聘画家，中国文艺家协会名誉院长，中国紫禁城画院副院长。

现为中央中国画研究院教授、英国世界书画家联谊会理事、中国亚太经济发展中心高级研究员、联合国世界教、科、文、卫专家组成员。北京大学、清华大学客座教授、南开大学美术学院特聘教授，中国书法研究院教授，中国文联书画艺术交流中心理事、一级创作员，中国书法美术家协会理事，中国版协、文化名人协会、收藏家协会、中国书画家联谊会理事，中国美术家协会（台）理事、港名誉主席，中国美协敦煌创作委员会委员，中国美术家协会岭南活动中主一级美术师，中国国画家协会理事、外联部副主任，中国文化艺术促进会会员，中国人事部人才艺术协会艺术学部委员会一级艺术委员，国家文化部艺术委员会委员，中国历史博物馆艺术委员，香港中国国画院名誉院长，北京京华兰亭书画院名誉顾问，徐悲鸿画院名誉院长，文化部燕京书画院名誉院长，大运河画院艺术顾问，中国新闻国际出版社书画副院长、艺委会主任。英国世界名人传记中心顾问、教授，美国名人传记中心顾问等国内多家高级社团、顾问、院长、教授。

通讯处：中国江苏常州市 古村雪洞巷大楼3幢内单元4D-室　　邮　编：213003

中国新闻社网：www.awcarts.com　　个人工作室：mfb.art.263

朝阳送来一遍金　136cm × 68cm　2003年

新红点点　　68cm × 68cm　　2002年

清泉长流金光中　　68cm × 68cm　2003年

实力派隐居画家

王喆希 WangZheXi

王喆希，字乐翁，1939年出生，祖籍河北武强县，中国著名美术家、漆艺家，中国美术家协会会员、原北京中国画研究会会员、中国工艺美术学会高级会员、高级工艺美术师、北京一级工艺美术大师，全国工艺美术百花奖金奖获得者。

王先生1961年毕业于北京工艺美校（现北京设计学院）首届毕业后从事工艺美术创作设计和中国画研究，历任专业总工，先后受业于陈半丁、于非闇、溥松窗、王雪涛、秦仲文、黄均等老先生。代表作品《步月图》、《天堑变通途》等多次获国家大奖，并被《艺坛名流风云录》、北京电视台、中国艺术研究院《艺术评论》杂志社、《文艺年志》、《新视点·大家风范》等所报道，作品曾多次被列入《中国当代美术家人名录》、《当代中国名家书画宝鉴》、《北京画家名鉴》、《当代中国》、《中国当代艺术界人名录》，《中国美术书法界名人名作博览》、《二十世纪国际美术精品作博览》等书。

网址：www.wangzhexi.cn　　邮箱：sunny3696@sina.com
电话：62255520

白云生处有人家　145 × 136cm

漓江晨曲　　100 × 200cm

黄山始信峰　　100 × 200cm

佑神醉卧图 68 × 45cm 2006年

暗香浮动月黄昏　136× 68cm

李兵 LiBing

李兵，中国美术家协会会员、中国雪山画研究会主席，四川省美术家协会理事、四川省书画艺术发展促进会会长，西部中国书画院院长，获中国书画报、中国国画家协会“中国书画百杰”称号画家。中国西域雪山画独创者。

李兵先后拜黄纯尧、李文信、姚思敏、唐允明、钱来忠等先生为师，曾求教于刘大为、尼马泽仁、杨长槐、岑学恭、朱常棣、祁博文、杨华军、罗其鑫、李青稞、曾刚等先生。勤奋刻苦的李兵在继承前人“留白法”画雪技巧的基础上，成功探索创造出了 “雪皴法”、 “挤白法”等独特技法，使自己的绘画艺术语言自成一家、独树一帜，成了当代中国水墨写实领域开疆拓土的画家，从而开创了闻名海内外的西域雪山画派，被画坛誉为“李雪山”。其作

日照贡嘎 180×190cm 2007年作

品《秋岩晴空》、《风云三峡》获全国性展览金奖；《寒雪凌空一望远》、《高原魂》、《春风化冰凌》分别在中国美协主办的两届中国西部大地情全国大展和纪念邓小平百年诞辰全国美展中获得优秀作品奖；《康藏神巅伴朝阳》入选海潮杯全国中国画展。此外，其作品被日中友好协会、泰王国钦赐淡浮院（泰国国家博物馆）和澳门特区政府及特首何厚铧先生等收藏。

李兵经历了二十余年的观察、思考和探索，经历了十余年的钻研、写生和创作，才获得了今天令人瞩目的艺术成就。他笔下的高原野雪、丘壑荒雪、冰山流雪使观者得以在宣纸之上欣赏到雪肌玉骨之美和崇峻、雄壮之美。他的画洋溢着壮阔、庄严、神秘，殊具魅力、令人向往，看他的画，就仿佛在诵读充满激情的诗，就仿佛在体味昂扬的生机和生命的永恒。我国著名书画家刘大为、尼玛泽仁、钱来忠、杨长槐、李文信、黄纯尧、唐允明、田旭中、姚思敏和著名美术评论家林木等均对李兵先生的雪山画给予过高度评价。他的作品已逐渐引起了海内外美术界和收藏界的关注。

一抹夕阳染雪山 180×85cm 2005年作

冰雪余李 探索创新
——论李兵水墨雪山画的学术价值

•钱来忠

前些年，北方的于志学以其冰雪山水饮誉海内外。近年，生活在四川的西部中国书画院院长李兵也引起了人们的关注。不少人认为：“北于南李”的出现与相映成辉，是造化的成就，亦是时代使然。李兵的西域雪山画是中国水墨画坛的一枝新秀。李兵是中国西部水墨雪山画的拓荒者。还有人评价说：李兵在中国山水画领域开创了西域雪山画的新境界。……我认为，这些评价都是有道理的。

首先，李兵的水墨雪山画是对中国传统山水画的继承和发展。

李兵曾在康藏高原生活和工作了十年，那里的山川雪岭和江河草原给了他原始的绘画冲动，加上他本来幼时就对绘画有喜好，于是毫不犹豫地迈上了学习中国画的道路。他在完成了大学和研究生课程的基础上，用了十余年时间拜多位名家为师，潜心学习和钻研中国山水及雪山绘画，除我之外，黄纯尧、李文信、岑学恭、姚思敏、唐允明、尼马泽仁、张国平、林木等先生都对李兵创作道路的选择和绘画风格的形成产生了十分重要的影响。这无疑是李兵的水墨雪山画传统意识浓、路子走得正、表现形式新的师承因素。

雄峰浩气 130×69cm 2007年作

在中国山水画的艺术长廊中，曾有不少弥足珍贵的“水墨雪景”，但却找不到展示西域雪山容颜风姿的作品。王维的《雪溪图》画陋舍寒江，覆盖薄雪，一片萧瑟，令观者陡生无限思绪，反映出当时士大夫阶层向往隐居山林、笑傲江湖的心境。他在《袁安卧雪图》中则将皑皑白雪与翠绿芭蕉并置，后人就常以“雪里芭蕉”说明超乎规矩、具有丰富想像力和创造力的艺术思维。五代南唐著名画家赵干的《江行初雪图》也描绘的是江南初冬的萧瑟景象——江边的树叶和芦苇在寒风中摆动，江面在风中泛起层层寒波，骑驴的旅人在寒风中行进，不辞劳苦的渔民仍在江中撒网捕鱼。北宋以后，范宽、李成、关仝被称为北宋三大“百代标程大师”。据宋《宣和画谱》记载，宋朝内府收藏范宽的作品有58件，其中雪景山水竟占三分之一，但惜乎流传至今的仅有《雪景寒林图》和《雪山萧寺图》两幅，未曾有涉及西域雪山的画作。北宋王诜的《渔村小雪图》因为只画了雪山疏柳，溪岸渔舟，故谓“小雪图”。而南宋山水画大家夏圭的《雪堂客话图》则画的是设色江南雪景。元代黄公望的《九峰雪霁图》、马琬的《雪岗渡关图》，明代吴伟的《灞桥风雪图》、沈士充《梁园积雪图》，清代王珲的《仿王右丞雪景山居图》、弘仁的《西岩松雪图》等等均为传世风雪力作，但均未涉猎气势磅礴、耸峙云天的西域雪山胜景。尽管如此，这些传统绘画艺术作品的笔墨精髓和意境表现方式却成了李兵探索和创新西域雪山绘画语言的动力先驱。

李兵在借鉴古人皴法和留白技巧的基础上，把长短斧劈和大小斧劈相结合形成了块斧劈，把积墨和积水相融合创造出了积白法和挤白法，以多层次的笔触、多色彩的交融去营造西域雪山单纯而富变的景致。他的独到的的水墨构成和明快光感，极大地提高了西部雪山在造型、色彩和机理上的表现力，比之现有传统山水画中其他技法更能艺术而客观地表现出西域雪山的特质，更具有自然的近距离触摸感和视觉冲击力。由此可见李兵是在精心把握和灵活处理传统笔墨关系的基础上，把自己对西域雪山的深刻理解用匠心独具的笔墨技法一一演化成了生动的画面。因此，他的画才如此既暗合于传统又能以崭新的表现形式让人感受到西域雪境透出的玉骨冰心；同时，他在画中表现出了一种银岭寒雪藏匿着的殷殷暖流，让人们能领略到冰崖峭石孕育着的生机，使人享受到一种远离世俗、清纯无疵、昂扬向上的自然之大美。

其二，李兵的水墨雪山画符合中国传统审美观的审美需求。

崇尚自然、追求自然神韵之美是中华民族审美观中最重要的特征。在中国美学史上，“自然美”是一个十分重要的美学范畴，它是基于中华民族对自然山水的认识、体验升华的一种理想的美学形态。无论是遥远年代的华夏先民还是当今无数少数民族同胞，尽管常常用宗教的观念看待雪山，把雪山奉为神山，大自然的崇高壮阔及神秘之美不仅在视觉上，而且在观念上时时刻刻触动着人们的心灵，诱导着人们的美感冲动。随着自我意识的不断觉醒，加之历史文化、自然地理和社会文明进步等各种因素的共同作用，人们对自然山水审美意识的自觉达到了空前的阶段，普遍认识到大千世界中的任何事物都不是孤立和静止地存在的 ， 各种物象相生而美、相谐成趣，如草原之美的魅力在于风吹草低牛羊现、绿茵如织繁花点，雪山之美的魅力在于洁白的雪与多彩的山石、阳光、云雾、树木等自然之物交相映衬与契合而显现出的润秀于博的神韵与崇高神圣之美。

其三，李兵的水墨雪山画以诗题款丰富了西域雪山的灵韵。

亚拉之歌　130×69cm　2007年作

李兵知雪山、爱雪山、对雪山情有独钟 ， 不仅沉醉于用自己的笔墨语言画雪山，而且充分发挥自己在文学上的特长以诗歌咏雪山，并将其诗用于题写画款，使其画作锦上添花，大大提升了其水墨雪山画作品的表现力和品味，让人玩味颇多。李兵对西域雪山的认识和表现，不仅是物质的，亦是精神的；是笔墨的，亦是富有内涵的。他把西域雪山内在的独特韵味和品性以独到的绘画语言和脍炙人口的诗句描绘给世界，为社会增添了热爱自然、热爱环境、共建和谐的重要因子。

其四，李兵的水墨雪山画为中国冰雪山水画增添了骨干力量。

以于志学为领军人物的北方冰雪山水颇具影响，相较起来，李兵尚是晚辈。但李兵的画无论是技法还是表现方式都与于志学的冰雪山水画有着很大的区别。从题材表现上看，于志学的画是侧重北国冰封的效果，雪的效果亦是冰状的居多。而李兵的雪山画，侧重西域寒岭千年积雪的效果表现，除冰川外几乎不涉及河谷冰冻，其取材纯粹来自高原，主要以写实的雪岭安排画面，着力展示西域雪山的磅礴气势，故而气象开阔。从技法材料表现上看，于志学善用矾水等材料工具。李兵画雪山技法较为传统，他在传统的基础上提炼出了“大斧劈”皴雪法，并把前人的“留白”技巧着力发挥，通过“积白”、“积水”、积墨“、积色”四位一体的特殊笔墨技巧，形成了自己的绘画语言风格。

祝愿李兵在绘画艺术的漫漫征途上日益精进、更上层楼，以不负众多师长和画坛同仁厚望。

本文作者为中国美术家协会理事、四川省美术家协会主席、四川省美术馆馆长。

孙更俊　　SunGengJun

孙更俊神秘主义画风，创造中国美术神奇境界

孙更俊，自幼习诗、书、画。
1983年毕业于北京大学中文系。
1986年举办首次个人画展，其后相继举办6届，并多次参加各级别联展。
1990年加入中国美术家协会北京分会。出版新诗集《神人神诗》。
1999年出版《孙更俊美术作品集》，完成长篇小说《大黑洞》。
2000年出版新诗集《不归路》。
2002年出版诗词集《镣铐吟》。
2004年加入中国美术家协会。
2005年出任中国绘画艺术研究院副院长并主编《中国书画界》杂志。

山水相依　　98×98cm

山水和平　98×196cm

飞龙图 68×200cm

补天 100×350cm

晨　68×68cm

柳　98×98cm

谭涤夫　TanDiFu

谭涤夫 1940年5月生于湖南长沙市，1961年入伍，1973年进入全军创作班油画班学习，总后勤部政治部专业画家，总后政治部文艺创作室副主任、中国美术家协会会员，国家一级美术师，由于我国艺术事业做出了突出贡献享受国务院颁发的政府特殊津贴。1996年被解放军总政治部聘为全军艺术系统高级职称评审执行委员会员。长期潜心油画创作，形成了独特的艺术风格，作品多次参加国内外重要美术展览并多次获大奖。其作品《通往远方的路》获"第二届中国油画展"颁发的永久性奖项"中国油画艺术奖"，《静静的雪山》获第八届全国美展优秀作品展览大奖。《亘古的回忆》获中国人民解放军文艺新作品奖（1998），《芳草斜阳》获"研究与超越——中国小幅油画作品大展"艺术奖（2001），《永恒的回忆》获"纪念建军75周年第十届全军美展"二等奖，部分油画作品被国内外美术馆、博物馆收藏。近五年，谭涤夫为2008年奥运会艺术创作十三幅《北京风韵》大幅油画，由北京画院代为国家永久性收藏。其艺术生平和油画作品辑入《中国美术年鉴》、《中国人物年鉴》、《中国美术全集——现代卷》、《首届中国油画学会展作品集》、《今日中国美术》、《新中国美术50周年》、《20世纪中国油画大展作品集》、《中国人民解放军美术作品精选》、《第九届全国美展油画作品集》、《第十届全国美展油画作品集》、《第三届油画展精品展作品集》数十部大型辞典、画册和中国美术家协会主编的第一第介绍100位著名画家的光盘图书《中国当代美术家》CD—ROM。并由中国美术家协会主办《谭涤夫油画作品展》于1997年5月在中国美术馆展出，由解放军出版社、四川人民出版社、天津人民出版社、湖南人民出版社、人民出版社出版《当代中国油画家·谭涤夫油画作品集》、《名画集品·谭涤夫风景油画》等六种版本谭涤夫个人专集画册。

夏天的回忆　130cm×189.5cm　2002年

纯情　73cm×50cm　1995年

通惠河之夏　185cm×130cm　2006年

玉龙雪山　146cm×97cm　2005年

司马台长城之夏　140cm×100cm　2007作

辉煌无尽　140cm×100cm　2007作

王建国　WangJianGuo

王建国，男，1953年北京生人。1969年中学毕业后去黑龙江生产建设兵团工作，10年间自学美术。1979年回京后拜张大千门下金煜先生学习中国画。曾求教于刘炳森、梁树年等老前辈及现代画家的多方指教。

1986年6月少年宫成立调入大兴少年宫，担任国画班辅导教师。1990年到北京教育学院美术系进修三年，并取得了大专学历。在少年宫任教20多年来，游武陵、观青城、走云南、过三峡、三登泰山、三进九寨、四爬黄山，踏遍许多名山大川，古镇石城、水乡幽寨写生。速写几千张　拍照素材五千余张。画的内容更为广泛，画山、画海、画小溪、画山寨、画民居、画风有写意的，也有写实的，在参加各类比赛中，曾获得“中国劳动者杯”名奖，“97年香港回归中国书画大展赛”金奖等，多幅作品收入《当代书画名家作品集》、《中国美术家》、《中国百人书画》、《中国翰墨名家作品博览》等集，部分作品在中国美术馆、中央美术学院陈列馆和外省美术馆等地展出，还有部分作品被外国友人收藏。现为中国美术家协会北京分会会员，北京美术教育协会会员，中日民间文化艺术交流协会理事，中国江都画院特聘理事，北京南海画院理事，大兴区政协委员等职。

清凉世界

黄山之晨

许澄宇　XuChengYu

许澄宇，中国画研究院1987届中国画研修班研修生，受业于李可染、何海霞、梁树年、高冠华等画坛宗师。现为文化部中国书画艺术委员会委员，中国美术家协会会员。

作品屡见于国内各种报刊杂志，各种大型权威性美术作品集。

入编《中国当代书画名家大词典》，两次出版个人画集，1995年、1996年分别获韩国国际美术大展银奖、金奖。近年来连续十次入选中国美协主办的全国性中国画作品展，三次荣获优秀作品奖。

许澄宇早年学习西画，打下扎实的造型基础。后因钟情于国学，攻读中文大学之后，遂专心于中国画之研究。故其作品立意深远，雄浑苍润。在不失传统精神之外，兼收并蓄，大胆借鉴姊妹艺术之精华，揉合多种手法，不断探索和丰富作品表现形式，逐步形成笔墨深融，清新典雅，沉稳质朴，变幻氤氲的艺术风格。

一枕卧溪楼　泉声喧夜雨

远古涛声　　182×97cm

千古洪波江壶口　奔腾万里归大洋　　200×70cm

雨后寻寻幽图

胸存浑朴写华滋

萧有恺　XiaoYouKai

地址：410007 湖南省长沙市韶山北路438号
电话：0731-5524794　　　13618468854

萧有恺，字日宏，1943年10月生于湖南涟源，1965年毕业于湖南艺术学院美术系，高级美术师，湖南省直书画家协会特聘研究员，湖南名人书画馆馆员，湖南省对外友好协会理事，原湖南省美术家协会理事。

数十年来注重中国画的写生创作，先后赴中华五岳、佛教四大名山以及黄山、庐山、武当山、长江三峡等名山大川写生作画。作品在韩国、日本、新加坡、马来西亚、泰国、美国等地展出与收藏。1989年随中国文化部组织的艺术团出访日本，应邀为日本北九州市政府作山水画《青岩山揽胜》。1990年赴美国关岛、塞班以及中国香港考察与艺术交流。1997年美国侨报发表□国画《乐山大佛》、《五台山胜景》、《塞班烟云》与《读万卷书、行万里路》专题文章，分别于2001年赴中国台湾台北市，2002年赴英国伦敦、纽卡素市2003年赴越南胡志明市举办

《橘子洲头看万山红遍》 萧有恺画

98cm × 270cm 2006年1月

画展。期间台湾民族报专版刊登文章《勤于砚田笔墨，思于造化之功大陆山水画名家萧有恺》和山水画作品五幅；英国纽卡素市女市长麦的卡罗代表市政府收藏萧有恺山水画《武陵奇观》。同时赴柬埔寨金边、吴哥窟，泰国曼谷、巴堤亚写生与交流。2005年赴日本京都、大阪、神户、东京、富士山等地写生作画，并应邀为京都清水寺（其为世界文化遗产）作《清水寺胜景》为该寺珍藏。

长期以来致力于中国山水画的研究探索，厚积薄发，溶技法与情景之中，神韵与画境之外，使作品具有气势磅礴、清新秀雅之感受。

先后入编《中国现代美术家大辞典》、《中国当代名人录》、《2C世纪国际美术精作博览》等多种辞书。出版《萧有恺速写集》、中国当代实力派画家丛书《萧有恺山水画专辑》。

与英国纽卡素市女市长麦的卡罗收藏山水画《张家界》时合影

《五岳独尊》 138cm×68cm

2002年 萧有恺画

《北岳恒山悬空寺》 萧有恺画

68cm × 68cm 2002年

《武当神韵》 萧有恺画

68cm×68cm 2001年

戴成夫 DaiChengFu

秋泉高致 45 × 45cm

戴成夫，浙江乐清人，浙江省美术家协会会员。1965年进文化馆工作。擅长中国画，作品多次在全国省市各种美展上展出，并有发表和获奖。

1996-1997年在中央美院研习，喜得诸多老师悉心指点，系统地进行临摹、写生和创作学习。在创作过程中汲取前人经验和艺术精华，特别对范宽、石涛、龚贤等大师的作品更加崇尚。师古人之心，心照自然，主张“艺术源于生活”，从平凡生活中挖掘素材，经过反复思考提炼，升华、再创作，逐步形成自己独特的艺术风格。

联系电话： 0577-62773629

山居图 50×50cm

泽雅风光　45 × 45cm

西雁龙瀑　45 × 45cm

江南一村　45 × 45cm

山村烟霭　45 × 45cm

秋韵

泽雅雨后

初中海　ChuZhongHai

万人如海一身藏　（号一道）

“人生到处何相似，应似飞鸿踏雪泥。泥上偶然留指爪，鸿飞哪复计东西”，北宋东坡，一生坎坷，历经劫难。但退不大悲，进不大喜，袖手高处，潇洒闲雅，体验人生诸事，入而能出往而能返。所作之诗文翰墨，充满大智大慧大哲大理，禅意玄思足以令人低徊不已。

吾生于二十世纪乙未年，长于三年困厄及十年动乱之斯，高中毕业从戎三年，后于晋、冀两地浮沉谋生，而今已知天命。一生蹇难，饱经风霜，尽尝人间炎凉，所幸能于苦中求乐，性喜文史，好于佛禅，广于交友，偶玩几笔水墨，然唯书法与后半生的绘画为吾一生志乐之所在也。自少年始沉溺其中而不能自拔，书法由唐楷晋行而汉隶魏碑至唐宋明草，尤喜草书。绘画由远古入手，苦功宋元明清乃至现当代之大家名人名作。案头习临朝暮不辞其辛，进修读书晨昏不辞其晚，访高士，拜名儒，探索由技入道之法，却迄今难成，有负恩师。目前忝为中国书法家协会员，河北省美术家协会会员，河北省书协理事，河北省书协评委审委员会副主任，秦皇岛市文联副主席，秦皇岛市书协副主席，中国国家画院梅墨生工作室学员。

书画之道，一如禅境；创作之法，一如参禅。空山无人水流花开，饥来则食困来既眠，虽一文一白，理则一也——“平常心即禅”。“自然”于书画，当视之于一种创作方法则更应视之为一种创作心境，“浑然天成”“返朴归真”绝对需要摒弃刻意与经营，所谓“大味必淡，自然为止”是也。故千年之后，吾最仰慕者仍是那位于寒风冷雨之中策仗徐行，潇洒闲雅如天际孤鸿之东坡公。

早春太行

太行晚春

看初中海的画，我们立即能感受到他体验自然山水时所特有的对诗意境界的敏感。这种敏感，使得他能准确地表现出画面特有的冲淡意味，以及，使画面充分表现出犹有惠风吹拂的气象。由此，他的画面也即多出了由“师古人”与“师造化”两相结合而得来的充沛的文化感与生动性。

总体上看中海先生的作品，其笔法确实既皆显得极为松秀，看上去轻松自然而光明磊落，故能给人以清心沁脾的清爽感，但他的作品的文化内蕴却是极为深厚的，具有“融汇百家成一体”的特色。所以，可以说，倘若没有特殊的艺术天分，是很难将画面画得如此具有一团和气气象的。

徐恩存点评：

初中海先生的作品，有着厚实的生活基础和写生提炼、浓缩的技法语言，在作品中自然表现为一种少有的质朴，其作品结构平实、自然，剪裁得当、合理，笔墨运用在单纯中求丰富，一切都力避了浮燥油滑的轻巧浅薄，在稳重之中，笔墨表现的苍润兼备，点、线之间如骨肉关联，绝无矫饰轻浮之处，虚淡之间飘动着灵性，浓重之处尽显魂魄，画面的经营在开、合、聚、散中见出匠心，在山重水复的结构中，依然是“三远法”的空间处理使然，都洋溢着一种激情，使山水之间流动着一股生动的气韵。

雾满太行

李志成　LiZhiCheng

李志成，青年画家，中国书画社香港国际书画家交流会研究员，中国书画社艺术部主任。

1963年生于北京，毕业于北京教育学院美术系国画专业，师从中央美术学院教授金鸿钧门下学习工笔花鸟，后又得到著名画家高冠华先生、著名书画理论评论家沈左尧先生指点写意花鸟、山水，与先生们寒朝暑暮，旦夕纵谈艺事。于学养、气度、画格、人品多蒙诲养熏陶，对传统文化渐始理悟。所呈尺零牛楮小幅或通丈巨制，有心性感悟亦或意求。几十载功力学养而后辟出新径，丹青同悟兼之山水，追其雄浑苍润、沉稳质朴。作品日新月异，意洒人间，归于自然。

1988年，组织参与中国书画社首届全国书画大赛奖，荣获作品三等奖。并会同众位画家绘制以黄河为主题的百米长卷。1998年参加"中亨杯"全国书画大展，其作品"版纳风情"，荣获优秀奖并选入精品集。在各大报刊、电视台均有专题报导。作品曾被东南亚及欧美国家贵宾收藏，曾多次参加国内外大展并获奖。

目前，应邀前往美国明尼苏达州艺术学院举办个人花鸟、山水画展。

幽谷馨香　97 × 97cm

西山清秋　180 × 97cm

燕山清晓图　180 × 97cm

霜林留旅　180 × 97cm

崇峰寻幽　180 × 97cm

版纳之秋　360 × 145cm

况 晗--磨铅笔的人

况晗 KuangHan

况晗 中国美术家协会会员。1961年生于江西宜丰，1989年毕业于南京师范大学美术学院，曾荣获首届徐悲鸿奖学金。毕业来到北京，住在胡同里，对胡同产生了情感。他跑遍了北京的大街小巷，对即将拆除的民居情有独钟，从日常生活的景物中发现诗意和美的韵致，在探索中创造出宽线条铅笔来描绘北京的胡同。

著名美术评论家李一先生说："况晗先生的铅笔画有一种沧桑之美，深浅轻重不一的铅色，暗黄的纸面处理，打通了时间隧道，让新老北京人在此进行心灵的对话。洗练有力的宽线条，准确概括的造型，富有节奏感的明暗对比，读之如听一曲节奏欢快、抑扬顿挫的京韵大鼓"。 联系电话：13521085968

在对比中看胡同变化

——读况晗的铅笔画

况晗的《胡同今昔》有以下三个特点：

一、在对比中看变化。他的立意极好，从同一个视角看，注意，一定是固定地从同一个视角去看，一边是十多年前的某个胡同，另一边是今日的同一个胡同，两者对比，一下子，胡同景观变成了动态的，把时代的脚步描绘了出来。这是此本图集不同于别的胡同图集的特点，很了不起。大家知道，北京在最近十多年发生了天翻地覆的变化，城市历史掀开了新的一页，为全世界所瞩目，纪录这件事便是成了一代文化人的好选题。有识之士纷纷拿起了相机，或者画笔，积累资料。况晗动手早，始自1990年，距今差不多已有十七八年了，又画又摄，起码拍了一万张照片，有的胡同先后去了十几次。他本是学画的，除了相机，还带着画笔去实地写生，一开始是画水彩，后来是用宽铅笔画。搞着搞着，时间一长，咦，有了新主意，把最开始的胡同绘画画面和最后来的胡同摄影画面并列放在一起，一看，岂不是绝妙的对比吗。不用说过多的话，胡同的变化就一目了然了，好主意!这就让况晗的图册有了重大的史料价值，一定会受到热烈欢迎。

二、是艺术品。摄影和摄像当然是艺术品，绘画更是艺术品，相比之下，后者是有更多创作元素的艺术品。难度和自由度

潘家胡同 83.5 × 55.5cm

都更大，效果也更突出。况晗的作品属于后者，它是画，属于有相当艺术价值的图册，史料之外，又多了一层美学欣赏价值，份量大不相同。

三、宽笔铅笔画是一种新画种。宽笔铅笔画可以说是况晗的发明，此前仅有个别外国人拿来作速写，真正当一种正规的艺术创作手段的还没有。况晗摸索了很久，终成气候。这种宽笔铅笔画讲究笔触，一笔是一笔，不可涂抹，颇像中国画、中国书法、木刻和水彩。画时手臂必须很用劲，一笔下去，画纸上会留下一个凹沟，摸起来颇有立体的质感。这种画吃功夫，不大的一张画，要耗时整整七至十天。况晗是个壮汉，连续画画，七天下来，竟大病一场，可见耗精力之大。如此看来，这部图集可算是一部身心投入的力作了。宽笔铅笔画看起来和常见的铅笔画一点都不一样，猛一看，还以为是水墨的呢，感觉很好，很美。

有此三点，应该向况晗表示祝贺，为一部有价值、有品味，有情趣的图册。

舒　乙　2008.1.1

校场五条　83.5 × 55.5cm

万宁桥

銮庆胡同

东河漕胡同

黄迪全　HuangDiQuan

黄迪全　1966年6月26日生于成都，师从蜀中画家叶进康、赵蕴玉、吴一峰、岑学恭、黄纯尧、管岷岗研习中国山水画。

1999年参加成都昆明两城市的青年美展并获优秀奖，同年参加了中国深圳举行的全国书画展获《佳作奖》，2006年毕业于四川省诗书画院著名画家管岷岗工作室，同年7月其作品《海螺沟韵》在中美协刊物《美术》上发表，10月入选了黎昌杯全国第三届青年美展，其作品《峨眉晓雾》被中国美术馆收藏，2006年5月入选第二届中国许昌画圣吴道子故里书画节即第六届中国书画名家大展并获精品奖。9月参加中国庆祝香港回归十周年书画家邀请展获优秀作品奖并被收藏。2007年3月被省诗书画院聘为特聘画师。

地址：四川省成都市西新门外胜利新村76号1幢1单元　　电话：13658030919　028-66562738

林壑高秋岩　122 × 240cm

蜀乡情韵　46 × 170cm

蜀山灵秀图　66 × 240cm

蜀山灵秀图　66 × 240cm

云烟叠峥　96 × 200cm

云岩暮霭　96 × 200cm

庞东风 PangDongFeng

庞东风，字仕鳌，1954年5月生，四川省西昌人，现住攀枝花市盐边县东风工艺美术社，九四年毕业于四川省诗书画院刘朴山水画工作室，作品钟情描绘攀西裂谷崇山峻岭、乡土人情，画风严谨，构图饱满雄强，笔线劲建潇洒，气势恢宏壮美。部分作品在中国美术馆、中国艺术馆、中国军事博物馆、中国国家博物馆以及欧州、西德、日本、台湾、香港等地展出并被收藏。作品入编《世界当代著名书画篆刻家真迹博览大典》、《世界美术大典》、《中国当代著名书画家珍品选》、人民日报《中华艺苑名家专栏》等媒体。出版有《徐悲鸿美术奖获奖庞东风画集》，作品通过中华人民共和国文化部艺术品质ISC2000 价值认证。

现为国家一级美术师，中国美协四川分会会员、国家美协会员、中原书画院客座教授、中国国家博物馆艺委会委员、中国书画收藏家协会会员、东方美术馆艺委会委员、中国文化艺术城高级书画师、理事。获“中国书画百杰”、“全国徐悲鸿美术奖百佳书画家”。国际美协等十六家艺术团体联合授予“世界书画艺术名人”、“国际银奖艺术家”称号。

四川省盐边县东风工艺美术社
电　　话：0812-8653633
电子邮箱：pdf0507@163.com

江山永固浴朝霞

造化钟神　秀阴阳割昏晓

三源河之晨

曹舒天 CaoShuTian

曹舒天，1950年生于上海浦东，毕业于华东师范大学，获哲学学士学位。现任职于浦东新区川沙文化馆，为副研究员。擅长中国画，近年来乐于写江南水乡，作品在全国重大展事中多有入选或获奖。《井冈忆旧》被中国人民革命军事博物馆展出并收藏，《悠悠水乡情》入选第八届全国美术作品展览，蓝花布系列作品入选2001年上海美术大展、2002、2003全国中国画展览、第一届、第二届、第三届中国美术家协会会员中国画精品展。同里--保护世界遗产国际中国画作品展，第一届、第二届“菜乡情”全国中国画作品提名展，太湖情全国中国画作品提名展，长江颂全国中国画作品提名展，全国第六届工笔画大展，第二届红船颂全国中国画名家邀请展。2001年10月，在华东师范大学举办《曹舒天江南水乡中国画展》，出版有《曹舒天江南老屋中国画集》。现为中国美术家协会会员，上海市美术家协会会员，浦东新区美术家协会副秘书长，上海东方书画院画师，江苏省国画院特聘画家。

通讯地址：上海市浦东新区川沙新德路908弄31号101室　邮编：201200
联系电话：021--58903846（O）　021--33825590（H）

蓝花布　179 × 96cm　2007年

最爱江南是我家　179 × 96cm　2007年

胡文轩　HuWenXuan

胡文轩，笔名一轩，大轩子，1952年生于青岛，早年毕业于山东艺术学院。2005年考入中国艺术研究院研究生院、贾又福山水画工作室首届硕士研究生班。现为中国美术家协会会员，北京名人书画院副院长、《文博书画》艺术总监、齐鲁宾虹山水画研究会会长，《美术家》杂志艺术顾问，“21世纪最有潜力的中国当代山水画家”，被中华慈善总会评为“中国慈善美术家”，现居北京。

近年来，曾在北京、山东、杭州等地举办个人画展。2006年还参加了在炎黄艺术馆举办的中国艺术研究院研究生毕业作品展。作品多次参加国内外大型展览，并在国内外美术专业刊物上发表，多幅作品被中国美术馆、人民大会堂、中南海、中央电视台等单位及美国、台湾、日本等国家和地区的专业收藏家收藏，出版有《文轩水墨》，《胡文轩山水画集》。

电话：010--86199369　　　　013012541686

秋山图　68 × 68cm

太行溪水　136 × 34cm

山中云起　136 × 34cm

高山带夕阳　180 × 96cm

太行农家　136 × 68cm

张天武　ZhangTianWu

张天武，字君鸿，墨龙轩主人，1964年生于河南灵宝。现任中国国画家协会理事、中国书法、美术家协会理事，中国民族艺术家协会副会长、北京中国名人画院副院长，2002、2006年被中国文化部评为中国百杰画家。

作品《神骏图》、《秋香山庄》、《石榴》、《傲视群雄》等被徐悲鸿纪念馆、中国国家博物馆、中国军事博物馆等收藏。先后接受中央电视台CCTV3、CCTV7、中央国际电视台、湖南电视台、山东电视台、甘肃电视台、重庆电视台及《人民日报》、《人民画报》、《中国书画报》、《中国书画界》杂志等权威媒体采访报道。作品被收入《中国美术选集》、《文化部艺术家记录年鉴》。

2000年特邀于重庆为央视电视剧《燃情岁月》美工制景。2003年出版《张天武作品集》。2005年《中国书画市场报》连载“江南又现唐伯虎之传奇画家张天武”。近年来于西安、深圳、重庆、香港等地举办个人画展。

手机：13525864089

王金录 WangJinLu

格言：踏遍青山搜万壑；笔下云烟自有神

王金录（禄），字有名，笔名子毓，号南溪草堂主人。山东平原人，1962年出生，1988年毕业于首届中国书画函授大学国画系山水科，2002年结业于中国文联山水画高研班，曾受教于梁树年、白雪石、黄润华、郭怡棕、史国良等中国著名画家，在长期艺术创作实践中逐渐形成个性鲜明的艺术风格，作品运笔更加老辣、气势磅礴，设色更加沉厚，构图更加严谨，著名画家龙瑞先生评："即有南派山水之灵秀，又有北派山水之雄浑，呈现出一派大家风范"。作品被中国历史博物馆，人民画报社，中央电视台书画院，中国书画报社，中国书画研究院等多家院、馆收藏或个人购藏。现为中国美术家协会网常务理事,中国画院签约画家,中国工艺美术家协会会员、中国书法研究院会员、国家一级美术师、中国书画学会副主席、中国民族艺术家协会副会长、（北京）燕京书画院副院长，作品获文化部Isc2003中国艺术品价值证书。中国文联曾授予"世界华人艺术家"，首届当代"百名最佳画家"2004年中国书画"百杰画家"等荣誉称号。是中国当代艺术界颇具实力的画家，其作品在国内外具有很高的影响力。作品"秋染母亲河"入选文化部；中国文联;人民画报社主办的"首届世界华人艺术展"获铜奖，在中国美术馆展出。作品"山清水秀九曲漓"入选第五届当代中国山水画展，获优秀奖并入选作品集。作品"绿染太行"获首届明星杯全国青少年书画作品大奖赛国画一等奖，并入选获奖作品集,作品被中央电视台书画院收藏.出版有"中国山水画家王金录作品欣赏挂历"及"中国书画百杰王金录作品选系列邮政明信片一套"。

官方网址：h□tp//wangjinlu.caan.cn　　电子信箱：nanxicaotang@126.com　　电　话：13839317516

秋山飞泉图　　260×67cm

行云流水入仙境　136 × 65cm

春江归帆　　136 × 65cm

一汪春泉漾秋千　260×67cm

云壑飞泉　136 × 65cm

秋牧飞泉绕壑来　136 × 65cm

李项鸿　LiXiangHong

李项鸿（笔名项鸿）1960年出生于浙江东阳。毕业于中国人民解放军艺术学院美术系、北京大学艺术学院美术学专业研究生班。现为中国人民解放军军事科学院研究员、政治部文艺创作室副主任，大校军衔。中国美术家协会会员、香港亚洲美术家协会理事、北京书画研究院艺委会副主任、海纳书画院副院长、中原书画研究院顾问。

多年从事美术创作、教学和研究工作，绘画作品多次被选入国内外专业美展。曾获日本日中艺术交流美展金奖、迎香港回归中华书画艺术大展国画一等奖等。多次举办个人画展 并应邀在中央电视台作山水画电视系列讲座。出版的专著有《中国山水画名家技法·项鸿写意山水画艺术》、《写意山水画理论与技法》、《项鸿画集》、《项鸿山水画选》等。参与国家和军队重大文化课题《中国大百科全书》、《中国军事百科全书》的编研并被授予荣誉奖。国家邮政局发行其山水画作品邮政明信片系列。曾有多幅作品被北京天安门管理处和多家博物馆、美术馆以及国内外艺术机构和收藏家收藏。1999年被中国文学艺术界联合会评为“中国百杰画家”之一。其简历和成就载入《中国当代艺术界名人录》、《世界当代书画家大辞典》、《当代著名书画家博览大典》等辞书。2007年被评选为当代30位最具学术价值和市场潜力的（山水）画家。

龙虎山祥云　68cm × 68cm　2007年

关山沐春图　145cm × 180cm　2007年

马超　　MaChao

马超　自号雪庐，四川省美术家协会，四川省书法家协会会员，四川省作家协会会员，中国铁路书法家协会理事，成都市美术家协会会员，凉山州美术家协会常务理事，结业于中国美术家协会培训中心首届花鸟画高研班，现供职于成都铁路局党校。

崇尚艺术是一种生活方式，日复一日，年复一年，浸泡于中国传统文化之中，笔耕不辍，视寂寞与苦涩，痛苦与欢乐，成功与失败，皆作为一种人生历程的享受，对生活充满着热情，常卧游于山林，水畔，烟云供养；在功力，识见，学养，才情，品性诸方面潜心修炼。作品体现出平淡冲和，空旷简远，恬淡而又生机盎然的境界，作品具有淡泊，宁静而又隽永的情致。

通讯：成都市草堂北路22号9－2－3　邮编：610072
电话：028——87843757　87771382　13908014691

四条屏　100 × 100cm

蜀山青 38 × 136cm

蜀南青 38 × 136cm

葛寿廷 GeShouTing

葛寿廷，祖籍山东，出生于河北新城，现定居北京，受其家族及其父的熏陶和教导，童年时代就酷爱书画艺术，苦学书画四十余年。葛寿廷先生从师中央美术学院教授梁树年先生，王定理先生。葛寿廷先生在数十年的国画艺术创作过程中对北京古都的屏障——燕山山脉发生浓厚的兴趣。“燕山古长城、燕山云雾松涛、燕山幽谷瀑布”，故而他的许多作品都着笔于燕山风貌。他又十分注重对中国山水绘画规律的研究总结，从而在吸取古今名家之长的基础上，形成自己的“破天破地，气势磅礴，幽雅清新，笔墨酣畅”的独特风格。鱼鳞皴法是他的独创。

葛寿廷先生的国画作品得到各界好评。1998年在京举办个人画展，其国画作品被全国报刊发表。近年来，他的国画作品多被国内外各界收藏。

青山铁壁夕照图　66×133cm

潘永　　PanYong

潘永，1955年出生于北京，幼承家学少年时随父习画后拜老画家周吉、李可染、陈大羽、王文芳等先生为师。1983年艺专毕业，1988年北京画院研究生班毕业，现任教育学院美术系教授、中国诗书画研究院高级画师、中国国画家协会会员、世界华人美术家协会会员。其画风雄浑深厚、苍劲自然为同时代画家中的佼佼者。曾多次举办画展，中央、北京等电视台及各大报刊多次报导和专访。其作品被首都博物馆、当代美术馆及海内外收藏家多有收藏。

联系电话：13269107380

听泉图　　68cm × 68cm

山林闲居图　68cm × 68cm

峡江烟云图　68cm × a68cm

夏日山居图　45cm × 96cm

山风吹作满天云　68cm × 136cm

杜智斌 DuZhiBin

杜智斌，男 1936年11月生，云南省鹤庆县人，白族，云南红云氯碱有限公司高级工程师，中国书画家协会会员，一级美术师，北京华夏国艺书画院院士，北京晚晴书画院院士，昆明市老干部诗词，书画协会，安宁市诗书画协会会员。书画作品多次参加省市，全国书画展，刊登《春城诗词》，《春城老干部书画报》，《安宁诗书画》等报刊杂志。先后在毛泽东诗词全国书画大赛，纪念中国人民解放军建军80周年全国书画大赛，庆祝香港回归十周年，燃烧岁月老干部北京邀请赛，辉煌中国老年书画大赛，纪念毛泽东词“蝶恋花，答李淑一”发表50周年，纪念草圣怀素诞辰1270周年，悼念南京大屠杀30万同胞遇难70周年，首届“神州杯”，“爱国杯”“中国名人名家书画精品艺术大展”中国当代实力派，奥运国际交流展等全国书画大赛中均获金奖。在首届“民族情”，2006年，2007年中华老人诗文书画大赛，“郑和下西洋六百周年”，第二届全国旅游画派作品展中获银奖。

在历次全国书画大赛中先后荣获：

“当代杰出书画艺术家”，“爱军爱国优秀艺术

家”，“中华老人书画艺术家”，“辉煌中国、中华功勋书画家”，“中国当代最具影响力书画家”，“当代传统文化使者”，“当代书画艺术家”，“华夏民族笔魂”“中国名人艺术家”等荣誉称号。

书画作品先后入编：《辉煌中国、全国老年书画名家珍品典藏》、《辉煌中国、中国功勋书画家经典怀历》、《首届民族情全国书画艺术大赛新作品》、《中国当代实力派书画家代表作典库》、《当代书画家墨迹大观》、《当代书画家作品选集》、《首届华程杯韩美术作品交流展》、《华夏艺术人才书画博览》、《第二届全国旅游画派作品选》、《中国当代杰出书画艺术家新作传说》、《当代优秀书画艺术博览》2006、2007年中华老人诗文书画大赛书画卷《纪念郑和下西洋六百周年书画作品选集》、《春城老干部书画集》、《迎奥运中国书画大师名家精品传世大典》、《中国当代实力派书画家润格作品收藏大典》《近代中国文人书画家作品选集》《中国当代最具影响力书画家珍品集》等。

通讯地址　云南省安宁市华西路云化小区1幢1单元402　　　邮编：650300　　　电话：0871-8784056

玉龍倒映十三峰
丙戌年重陽節
杜智斌

深山古寺

张亚辉　ZhangYaHui

张亚辉（曾用名，树良——森林居士）黑龙江哈尔滨人，1951年出生，现为北京瀚瑞轩书画院院长，中华诗词学会会员，中国书画家联谊会理事，中国艺术家编审委员会编委。1985年毕业于黑龙江商学院，从小就喜爱书法、绘画及写作，能撰联诗词。书法授过黑龙江省书法家省长陈雷亲传指点，后经原国家文物局局长孙轶青老师教导，主功山水，书画艺术有机交融，中西结合浑然一体，其作品书中有画，画中有书，具有鲜明的时代风格，浓郁的田园诗情，古朴的书卷气息，清晰的笔墨意趣以浓墨为主人称墨神，主要书画作品有《马到成功》、《竹》、《剑》、《龙》、《孙子兵法》、《李白诗》、《森林之光》、《双乳峰》、《黎明前曙光》、《思春》、《月光下峡谷》、《寒夜》、《默默奉献》、《五行图》等作品，几十年来大量作品多次参加大赛，2005年7月在由中华教育研究会和中华成功者研究会期间举办的《为国增光，为民添寿》第三届《沈青杯》、国际书法大赛中获奖，大量作品国内外均有收藏。写作有《分段数算法》、《企业管理各项规章制度汇编》、《商业经济活动分析》等作品，《分段数算法》授予国家科技奖，2001年被评为世界华人杰出专家，入编《世界华人杰出专家名典》。

山水　140cm × 70cm

山水　140cm × 70cm

双乳峰　70cm × 140cm

春江水　70cm × 140cm

丰收　70cm × 140cm

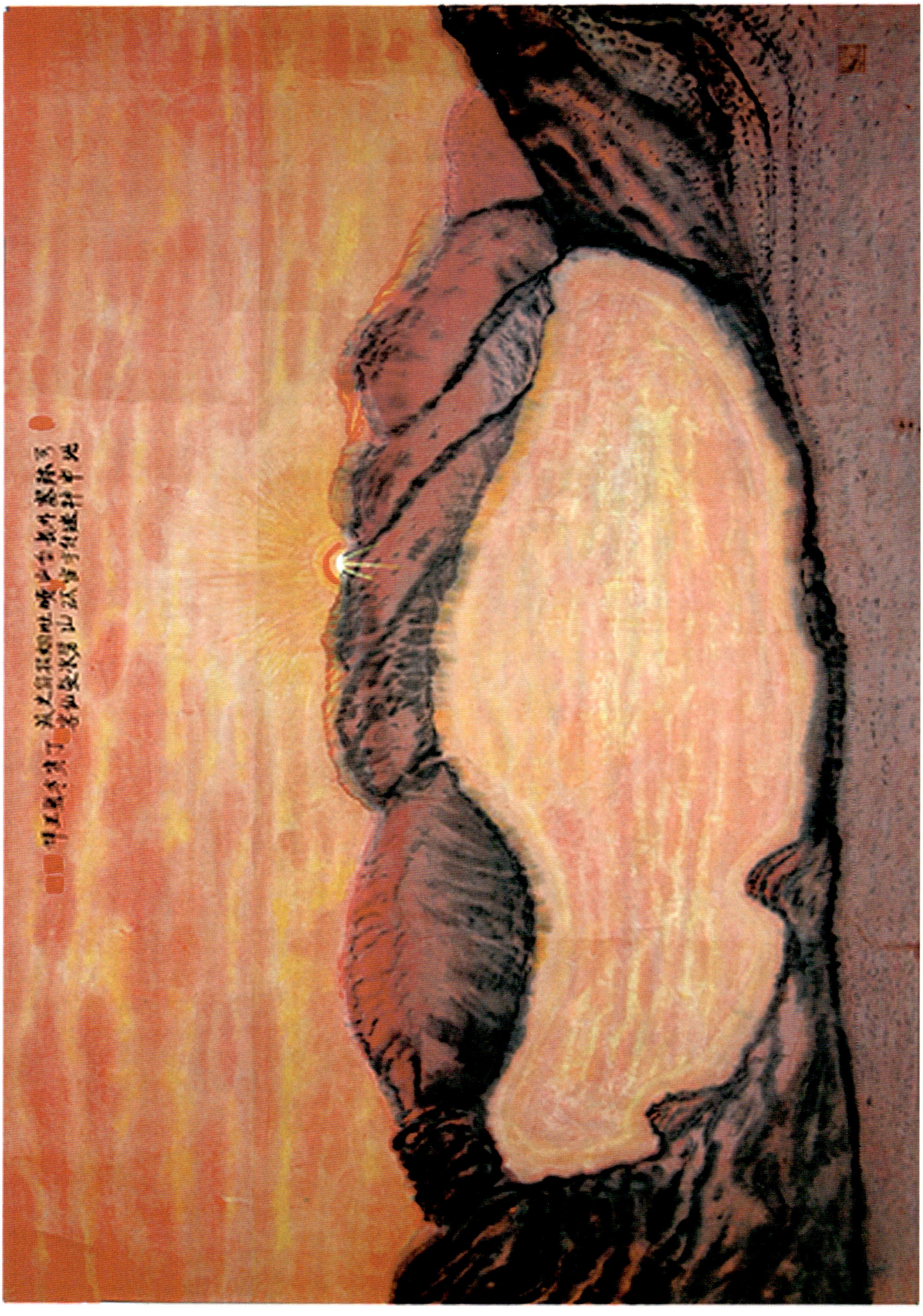

天池　360cm × 140cm

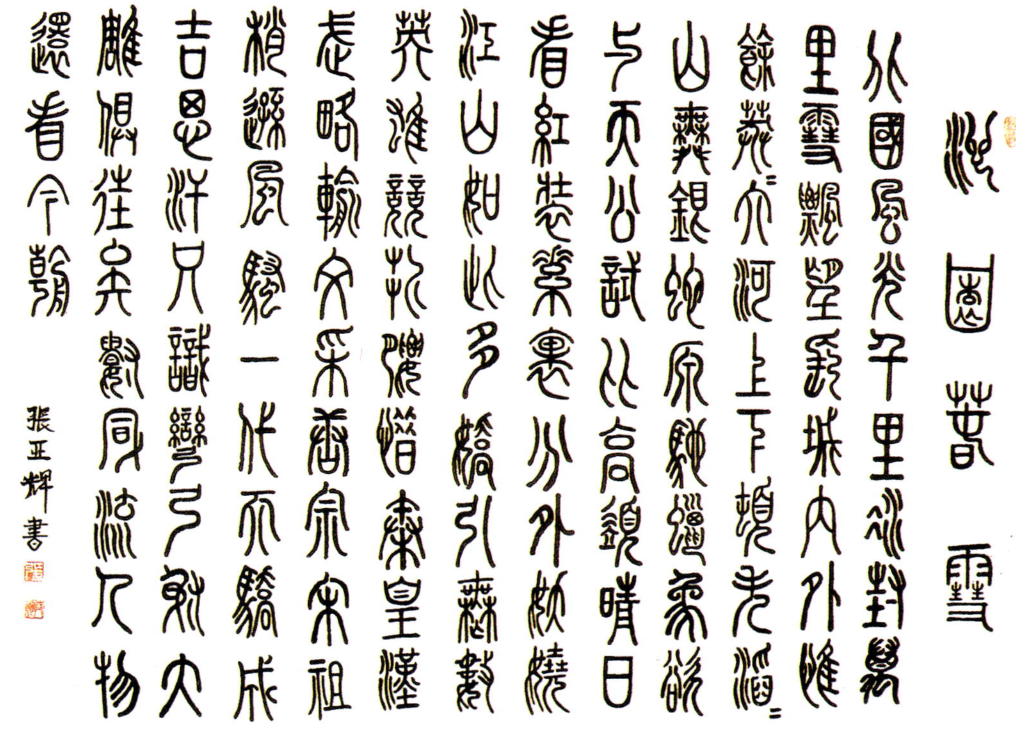

沁园春　140cm × 70cm

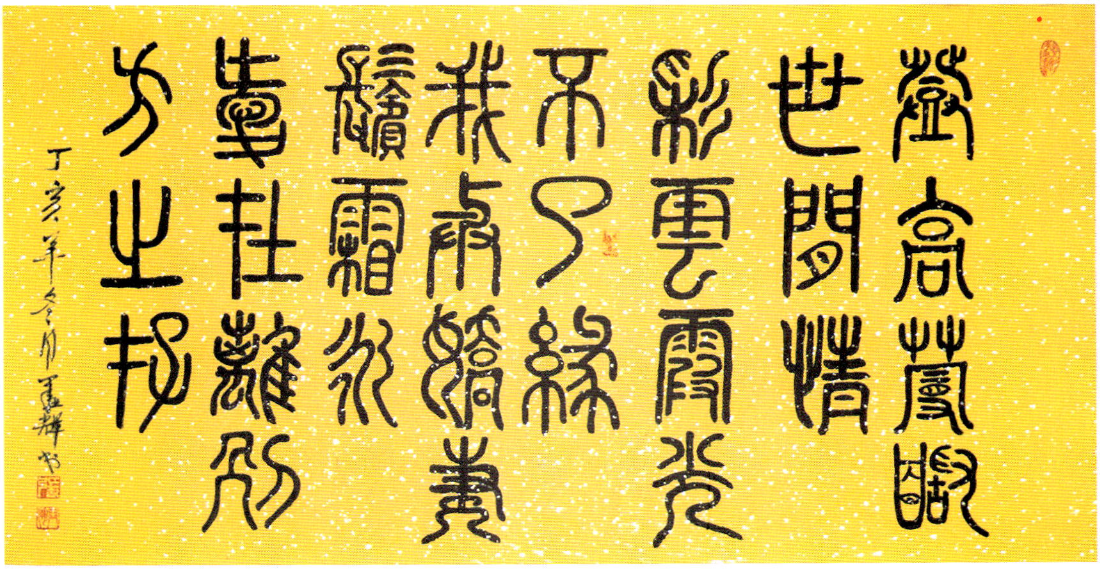

诗　100cm × 60cm

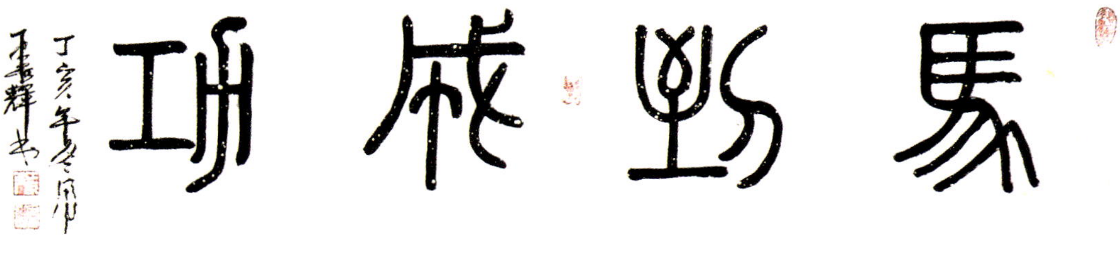

马到成功　140cm × 30cm

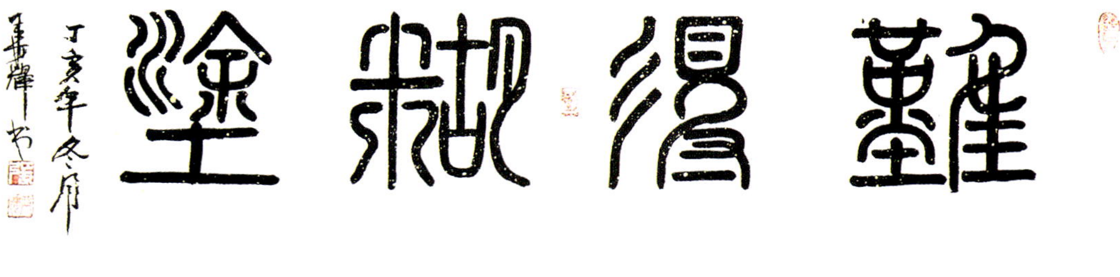

难得糊涂　140cm × 30cm

李贵亭　LiGuiTing

李贵亭　男，1969年11月10日生于河南南阳。1994年毕业于南阳师院，2003年又毕业于河南大学美术系，本人自幼喜欢画画，长期的农村生活，淳朴的农村经历，积累丰厚的绘画素材，不戳劳作地绘画，练就了扎实的功底，属于中国当代实力派画家，现任中国画院（香港）文化大使，爱军爱国优秀艺术家称号，作品《人字瀑》《江边人家》《太行山情》《踏山歌》《山魂》曾发表于《 当代优秀书画家艺术博览》《当代书画名家精品辞典》、《中国书画艺术作品精展》 ，作品《少室山雄姿》 《太华巍巍》《霜染万山红》《黄土情》《踏山歌》等作品还在《中国艺术博览》、《书画界》、《中国铁路第六次提速纪念册》等书刊上发表。 2007年作品《黄山人字瀑》在纪念建军80周年全国书画大赛上荣获金奖。作品坚实浑厚的风格广受业内人士赞誉，在全国、省、市的历次画展中多次获奖。

霞光照耀万山红

霜染万山红

少室山雄姿

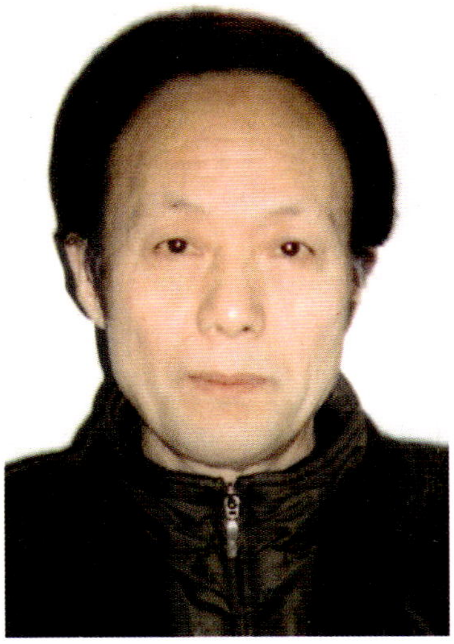

马士争 MaShiZheng

马士争，字原埜，号南阳散人，1948年生。自幼爱画，潜修国学，静悟大于之道。

中国民族画院特聘画师，中国少数民族促进会员，河南省美术家协会会员曾研修於中国艺术研究院、中国美术创作院研究生课程班、荣宝斋画院、画家高级研修班。

作品多次入选全国及省、市大展，并有作品获奖。

地址：北京通州区梨园群芳苑小区5楼6单元402室
电话：81530569
手机：13261489574
13101779629

顾洪涛　　GuHongTao

顾洪涛,出生书香门第，1941年出生，原任职青海省文联，已退休。国家二级美术师，中国美术家协会会员，北京民间艺术家协会会员，中国书画艺术委员会会员，中国国际书画艺术协会会员，中国国际专家学者联谊会国际专家，中国中外名人文化研究会顾问，中国收藏杂志社艺术顾问，艺博览杂志社顾问，中华文艺画报社理事，北京中国画收藏协会会员，世界华人艺术家协会会员，世界画人文学艺术界联合会会员，当代藏典书画艺术研究院特约画家。

擅长绘画，写作。作品多次参加国内，外参展，屡屡获奖，并多次在国内外报刊，期刊发表。其中油画“别趣”入选六届全国美展参展，并被中国美术馆收藏。水粉画“雁航”入选庆祝建党60周年美展参展，并被中国美术管收藏。民间文学诗《格萨尔—霍岭大战》作品和水粉画《雁航》获青海人民政府文艺作品优秀奖，文化部中外文化交流中心主办，情系奥运中华书画艺术展世界行，水印木刻《农乡》获优秀奖《水乡木刻》获银奖。中国画《天路》，《和谐》两幅作品由人民大会堂藏展。《中国美术选集》，《美术家画刊》等许多画册，期刊入选发表。中国艺术名家研究院授予中国艺术名家荣誉称号，艺术履历将被入《中国艺术名家资料库》和《中国艺术名家网》永久收录，中国艺术博览杂志社担任主编，中国社会科学院主办任主编主持编撰了，《中国名医名院名药概览》、《中国法官》两部大型丛书。

住址：北京回龙观十里长街旺龙花园2单元302室　　邮编：102208　　电话：010-69799557

邢子一　　XingZiYi

邢子一，1949年出生于吉林省榆树县，现为中国美术家协会会员，中国国画家协会理事、中国文联书画中心画家。1987年拜北京画院著名画家张步为师，主攻山水、多次赴名山大川写生。作品在美国、新加坡、香港、台湾展览并有收藏。作品传略辑入《当代名家大辞典》等辞书。全国第四届山水画展被评为新世纪中国山水画200家　“太行春韵”入选中国美协画展并在“美术”杂志发表，“瑞雪”入选中国美协“海渤杯”、“山里人家”中国美协“菜乡情”提名展，“秋色润远壑”入选2004年全国中国画作品展、“大壑声云深”中国美协西部风景展优秀奖、“风雪大别山”中国美协纪念邓小平100周年全国美术作品展入选。“清溪响处”中国美协纪念齐白石诞辰140周年提名展。2005年为北京怀柔区委创作百米长卷“怀山柔水胜境图”主笔画家，2006年应邀为中国美协广东省创作中心创作巨幅山水“白水仙瀑”。

地址：北京市昌平区天通苑三区13楼一单元202室　冬季：海南五指山市惠安花园小区别墅26号　手机：13263369435

山里人家

山居图

太行人家

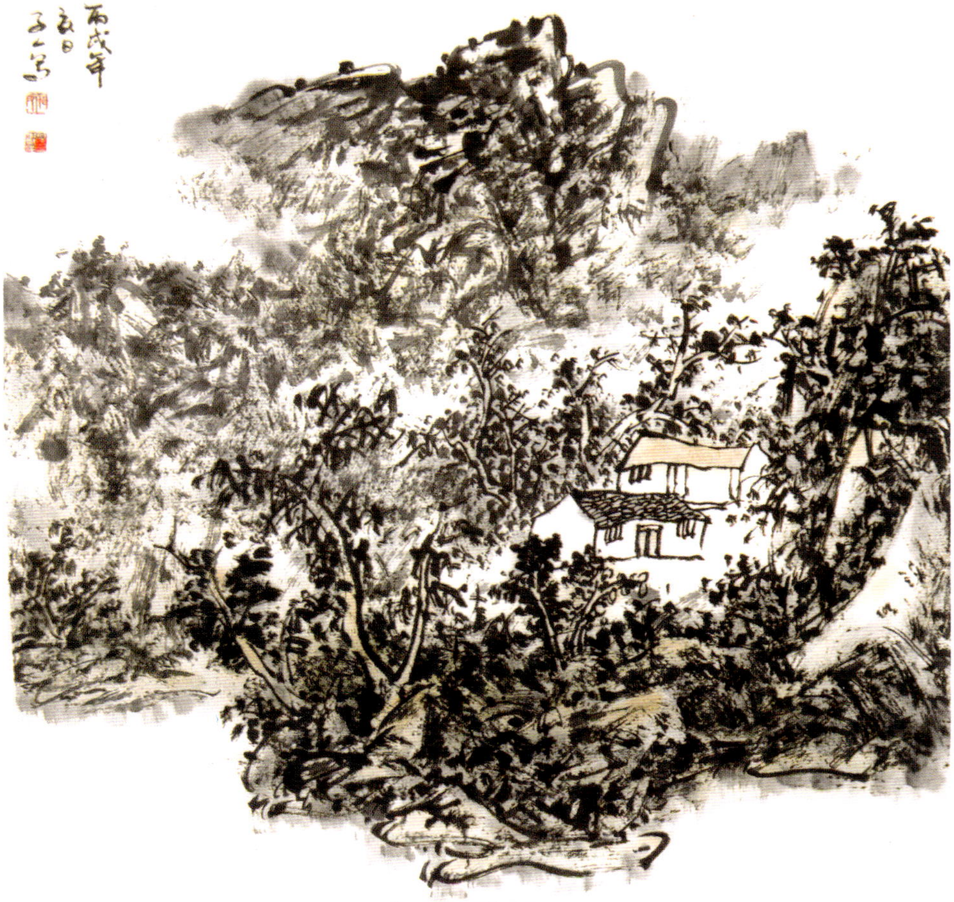

幽居图

家住溪山云水间

闵先瑞　MinXianRui

闵先瑞，1958年生于江苏南京，祖籍山东省青州，现居北京。1980年毕业于浙江美院国画系，后毕业于中央美院贾又福工作室硕士研究生班。作品曾参加全国、全军美展，被国内多家画廊、收藏家收藏，并被选送日本、韩国、澳大利亚、新加坡、中国香港等国家和地区展出和收藏。

出版有《闵先瑞山水画集》、《中国画山水写生与创作》、《山水写生集》。作品收入《名家画山水》、《名家画荷》、《名家画竹》、《名家画梅》及各类画集十余种，并发表于专业刊物《美术》、《美术研究》、《美术观察》、《收藏》、《国画家》、《中国画收藏文献》、《水墨》、《荣宝斋》、《中国画收藏导报》、《当代中国画100家》等，并有论文发表在贾又福工作室教学体系写生篇中。

地址：北京市通州区北苑南路38号院4单元4111室。
电话：80814761　15872502868

太行魂　68 × 68cm

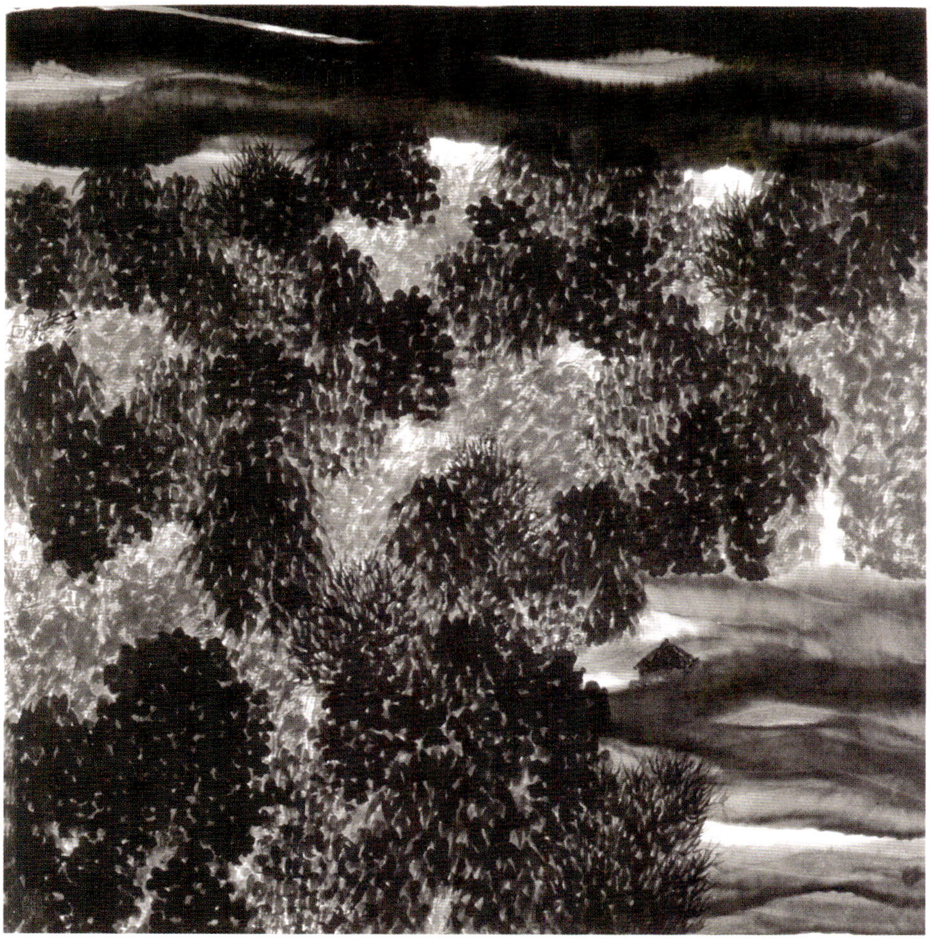

太行魂　68 × 68cm

太行魂　68 × 68cm

黄建南 HuangJianNan

黄建南（男）笔名（耕夫），一九五二年出生于广东，现定住北京。擅长山水油画.国画。其作品多次参加国内外各种展览并屡获大奖，多次接受中央电视台.北京电视台、山东电视台……等艺术栏目专题采访播出。现为中国书画研究院副院长，中国美术家交流协会油画专业委员会副主任兼秘书长,中国传统文化促进会理事，，中国书画专刊顾问，中国教研网项目开发中心副主任，中国书画家协会常务理事，世界华人艺术网艺术顾问，中国北京奥林匹克书画院名誉院长等……

从70年代开始，黄建南先生绘画在广东至东北黑龙江一带，并有大批作品面世，早在一九八一年黄建南作品参加西德世界家庭艺术博览会得到当时国内外艺术爱好者的高度重视。八十年代作品大部分被外国友人收藏及给香港商人购走。近年，其油画精品多幅被国家领导人、海内外收藏家作为国礼馈赠友人、并分别给人民大会堂. 中南海国礼中心. 中央军委办公厅收藏并颁发收藏证书。2007年11月在第二届中国[北京] 国际文化创意产业博览会上油画作品[春送高原] 和[源] 分别以8.2万和6万. 成交拍出. 紧接在2007年12月秋季[金融以收藏] 拍卖会上油画作品[流光异彩] 和[诗意] 分别以8.8万和8.6万成交拍出。

2004年多幅油画入选中国11届艺术博览会。2005年作品入编《中国现代名家名作》专辑，中国书画名家作品2005金秋国际展作品被评为金奖。作品《畔江春意》和《气壮河山》分别荣获第五届当代中国山水画展创新奖和精英奖。2005年作品电影百年书画大赛中获奖，并在中国历史博物馆展出，2005年作品在全国书画美术大赛中荣获金奖，并被评为中国美术百杰。2005年作品入编《艺术中国》大型文献一书并被选登封面人物。入编中国收藏、中国收藏博览 、 中国书画专刊、并被列入华夏实力派、中国文化报、中国人事报、中国美术报、中国书画报、国际日报专题刊登、中国贸易报海外首登……，2006年成功在新西兰及澳大利亚举办个人画展，其艺术作品是英籍大收藏家布赖因先生唯一收藏的一幅华人艺术作品。2007年应美国德卅华美演奏艺术基金会邀请前往美国办展及艺术讲座,近几年黄建南的作品已被中外六十多家艺术机构及院馆收藏。

网 址：http://spaces.msn.com/hjn-ayt

荷塘 101 × 74cm

秋染　103×72cm

生息　94×62cm

路　103×75cm

曙光　96×63cm

梦乡　81×120cm

谢海林　XieHaiLin

谢海林，山东德州人，师承著名画家季则夫先生，中国书画家协会理事，中国书画家杂志专业画家，古典书画艺术院专职画家，尚星谷画廊经理，北京神州雅海文化艺术研究院画师。

地址　北京东燕郊开发区泰合城艺术区尚星谷画廊
电话　13231658478

中国当代书画名家年鉴 2007

Chinese present age calligraphy and painting famous expert yearbook

花鸟国画卷

Flower-and-bird country picture scroll

沈学仁　ShengXueRen

沈学仁 1941年6月生，山东潍坊人。早年受教于吴作人、刘海粟、李苦禅、于希宁、郭味蕖等老一辈艺术家。1966年毕业于中央工艺美术学院，获联合国国际交流大学博士学位，现为中国美术家协会会员，中国书法家协会会员，中国国际名人协会顾问，联合国世界和平基金会文化艺术交流大使，英国皇家联合科学院荣誉院士，世界文化艺术研究中心研究员，文化部文化市场发展中心特聘画师。1978年创办百花画会任会长，同年建议并参与创办北京画店并任创作室专业画家兼顾问；1980年与画友创办中国花鸟画研究会，任副秘书长。1999年创办沈学仁画廊、沈学仁美术馆。1982年至2000年巡展欧美亚，在海外举办过多次中国近代名家大展。

《神秘的版纳密林》——保护大自然就是保护人类自己　123×123cm　获中国文联主办的“中国书画大展”金奖

曾在北京及美国、日本、法国、加拿大、新加坡、我国台湾等国家和地区举办过多次个展，在北京恩师美协主席吴作人先生参加开幕式、在法国由法国美协主席艾瑞夫主持开幕式、在美国由美国参议员杰克法克逊和东方艺委会主任玛利卡特主持开幕式、在加拿大由驻加拿大大使余谌主持开幕式、在日本由驻日本文化参赞章金树主持开幕式、在我国台湾由蒋纬国、陈立夫主持开幕式等。当地电视台、报刊都有专题介绍。作品被中国驻外使馆和一些博物馆、收藏家收藏。曾应邀为中国国家博物馆、人民大会堂、新华社、人民日报社、中央电视台、飞机场、中国展览公司等绘制巨幅作品，应邀为加拿大安省美术馆、多伦多大学等讲授中国画。出版有《沈学仁画选》、《中国画技法》、《花鸟画技法》等。简历载入国家人事部出版的《中国专家大辞典》、中国美术出版总社出版的《当代中国美术》、《中国书画》、《荣宝斋》等多部辞书画册。中央电视台、《人民日报》多次专题介绍。他曾获1986年在日本举办的“国际水墨画展”优秀奖，1988年举办的“国际新日美展”优秀奖，新加坡“醒狮杯”创作大赛特等奖，1999年第二届华人艺术大奖赛国际荣誉金奖，第三届特别金奖，文化部文联、人民画报社主办的2000年世界华人艺术展银奖，2001年北京国际艺术博览会特等奖，2002年特等奖，2003年最佳作品奖，文联主办的中国书画名家名作大展金奖，2003年受邀参展由文化部、中国画研究院主办的“当代中国画成就展”、2006年被特邀参展由中国国家博物馆主办的“21世纪书画珍藏展”等。2007年第七届中国世纪大采风被评为“中华十佳世纪英才”，同年作品被联合国世界和平基金会收藏并被授予“世界和平艺术成就奖”、“世界艺术大师”等荣誉称号。

《自然得天趣》　68×138cm　2002年北京国际艺术博览会特等奖

《果实累累》 68×138 cm 2001年北京国际艺术博览会特等奖，清华大学收藏

《幽香四溢》 190×380cm 2002年北京国际艺术博览会特等奖

《神州大地花似锦》 96×180cm 2003年北京国际艺术博览会最佳作品奖

《春满人间》 125×245cm 2006年人民大会堂收藏并悬挂于委员长办公厅

《根深叶茂冲云霄》 68×136cm

《幽香环宇》 68×136cm

张良贺　ZhangLiangHe

1959年生于山东淄博，82年毕业于山东工艺美术学院。现为：一级画师、工艺美术师、中国美术家协会会员、中国国画家协会理事、山东美术家协会会员、中国画家协会山东创作中心副主任、国际ISQ9000A书画家资格认证中心副主席兼评委、山东省政协委员、山东省文史馆馆员、世界教科文卫组织成员、桂林艺术研究院客座教授。

作者是文革后首届重点美院毕业生。油画、素描肖像、工艺设计和广告策划无不精湛。曾获全省工艺设计一等奖和大型展览策划特等奖并得到中央领导的赞赏。

近年，专攻写意花卉。由于他对文学、哲学、中医和易经的研究及对画技的不断探讨，开创了牡丹既娇媚又高雅的独特技法，解决了过去牡丹雅和媚不能共存的难题，将写意牡丹的品味提高到一个新的层面，显示出其丰厚的文化内涵和艺术才华的天机神韵！作品被收入《世界华人名家精品博览》等多部书籍，尤其是他作为包括欧阳中石、于希宁作品在内的大型名家画集《翰墨缘》的封面人物而蜚声艺坛！并获得“中国书画百杰”、“中国亘名行业风云人物”等殊荣。多幅作品被新加坡、菲律宾和日本等国外政要及世界教科文卫组织收藏。

宫娥娇装　69×69cm

胡红滴翠　69 × 69cm

春意盎然　69 × 69cm

洛阳佳丽图　69 × 138cm

蓝田似玉　69 × 69cm

张锡龙　ZhangXiLong

张锡龙，当代著名画家。1952年5月生于天津，毕业于天津美术学院，师承著名书画家孙其峰、爱新觉罗溥佐等教授。

1982年进中央工艺美院，曾在张仃、白雪石等老一辈大师身边深造。

1989年应罗马尼亚共和国文化部的邀请，在首都布加勒斯特达列斯国家级展厅举办个人画展，荣获了罗马尼亚文化委员会颁发给外国艺术家的罗马尼亚共和国最高荣誉证书，并被授予中国艺术家的称号。

1990年在希腊首都雅典举办个人画展，并在希腊几个大城市进行了巡回展。

2000年，中华人民共和国总理朱镕基先生出访欧洲六国时，张锡龙先生精心绘制的《山城清幽》作为国礼由朱镕基总理亲手赠送给保加利亚议长索科洛夫；另一幅作品《国色天香》由欧盟总部收藏。2002年，张锡龙先生在东欧摩尔多瓦共和国首都基希讷乌举办个人画展，摩尔多瓦共和国总统沃罗宁、总理塔尔列夫先生亲临展会，在该展的开幕式上中国住摩大使徐中楷先生亲手将张锡龙先生的力作《漓江春色》和《天香图》作为国礼分别赠送给总统沃罗宁和总理塔尔列夫，受到总统和总理的嘉奖。

2006年第四季度由国务院机关事务管理局牵头为国务院作了若干幅巨作，作品分别为《宜富当贵》、《漓江春色》和《漓江秋色》等。同年，张锡龙的50幅花鸟、山水作品在法国巴黎诺曼底艺术展览中心展出，展出作品深受法国等欧洲艺术家、收藏家及艺术爱好者的喜爱。2007年5月在日本名古屋胜川美术馆举办了“张锡龙个人国画展”，此次画展引起了日本收藏家、书画爱好者的极大兴趣，中日新闻报进行跟踪报道，并在其重要版面刊登了巨幅照片及文字说明。今年10月份，应天津市高层领导的邀请，为天津迎宾馆创作了4米 × 1.5米的巨幅牡丹图。

电 话：0086 （0）22 23711222
（0）22 23685033
手 机：13820016378
网 址：zhxl.sh1122.com
邮 箱：xilongguohua@_26.com
Q Q ：876224345

石榴飘香　68 × 50cm　（原作为罗马尼亚共和国文化部收藏）

春意　98 × 98cm

群芳之首　90 × 90cm

雷甲寿　LeiJiaShou

雷甲寿（白云子）1955年生于山西洪洞，先后毕业于中央美院、北京画院、硕士研究生班（导师石齐、王明明、张立辰、邱振中先生）野稻谷中国画创始人，故宫博物院收藏作者作品，民革中央画院艺委会创作部主任，中国长城书画院副院长，石齐艺术研究会副会长，中国美术家协会会员，现定居北京。

主要作品参展：

2002年《香趣图》“迎奥运”全国中国画大展获银奖。2003年《热土载厚情》第二届全国中国画大展获铜奖。 2004年《长城脚下》纪念齐白石诞生140周年提名展获银奖。第二十八届世界国际遗产大会中国画获铜奖。2005年故宫博物院当代名家书画收藏展。北京大学中国画名家邀请展。首届中国写意画大展。建国55周年著名画家邀请展。首届中国美协会员精品展。2006年春季新象全国中国画名家邀请展，“红船颂”全国中国画名家邀请展，浩气长存，美丽乳山全国中国画名家邀请展等，纪念中国工农红军长征胜利七一周年全国中国画大展评委作品。2007年全国中国画著名画家学术展。

主要作品发表收藏：美术、国画家、人民日报、中国书画报、中国书画收藏、今日中华、故宫博物院、人民大会堂、钓鱼台国宾馆、美国、日本、澳大利亚等国家。由四川美术出版社出版发行《中国美术家　雷甲寿》，河北教育出版社出版发行《写意精神　雷甲寿》天津杨柳青出版社出版发行《中国当代名家系列　雷甲寿》。并举办个展63次。

故乡秋丰处处红　138×68cm

粒粒南国情

吴东魁 WuDongKui

吴东魁，字昊天，号清瘦人，他自幼酷爱绘画，视艺术为生命，历艰辛而不渝，终登艺术殿堂。1956年生于山东菏泽，现为中国书画艺术人才研究会会长。1982年毕业于山东轻工美术学校，1983年调入文化部外文局中国报道杂志社任美术编辑。中央电视台先后为他拍摄了专题纪录片《天高任鸟飞》、《吴东魁绘画艺术》、《吴东魁笔墨技法》、《李宁和他的国画老师吴东魁》。山东电视台录制的《吴东魁画展巡礼》被译成六种文字在国内外播放。他的个人画展先后在陕西、山东、河南、广东、首都博物馆、中国美术馆举办，并在中国香港、台湾，日本、美国、新加坡、韩国等地先后举办个人画展和大陆名家画展。

网址：http://www.wudongkui.cn

吴东魁艺术馆地址：北京崇文区花市大街邮箱1号

电话：010-51005500

冰心玉肌春消息

恰似紫珠落玉盘

霜落国色两相映

松风正气傲苍穹

傲骨

蔡德霖　　CaiDeLin

蔡德霖，字授愚、空灵，号燕谷散人、牧马人、牧马斋主，1955年生。自幼师承家学，痴迷艺术，学生时期曾两次被中央美术学院和师院美术系录取，先后求学于“齐白石艺术学院”“茂林书法学院”等院校，受课于齐良迟、欧阳中石、卢光照、张文仲、袁其微等名师。其书画作品酣畅而深沉，既有着家学的中国书画传统基根，又有着西洋画素描及色彩的长期素养，以西洋画严谨写实的造型手段融入传统的笔墨技法中，形成了自己独特的艺术风格。尤其擅长画马，受徐悲鸿大师影响很深。其造型功底深厚、艺术修养广泛：文学、音乐、戏曲等领域都造诣很深。书画作品长期被中外友人购买、收藏。是一位有着广阔发展前景的当代学者型书画家。

德霖艺术工作室：北京·良乡·玉竹园
电话：89377095
13801158772
传真：89377095

春光明媚生機盎然

藏古今學術
聚天地精華

王挥春 WangHuiChun

王挥春 （1929-），笔名涛石，虽号翔云斋主，柏树庄人。中国美术家协会会员，北京画院专业画家，一级美术师，中国画研究会研究员兼常务理事；中国延安文艺学会理事；北京湖社画会会长；齐白石艺术研究会常务理事；北京国际艺术博览评审会员会副主任；中国书画函授大学教授：娄师白艺术研究会顾问；北京辅仁大学美术研究会顾问；艺术大师刘海粟关门弟子。

早年拜汪慎生先生为师，后拜中央美院教授陆鸿年及谢艺飞先生为师，并在徐悲鸿先生素描工作室系统学习素描，上个世纪八十年代初，拜艺术大师刘海粟为师，并成为磕头关门弟子。

擅长中国写意花鸟、山水、同时也精人物、动物。曾创作了大型珐琅壁画“鹤乡春晓”等艺术作品、成为新中国成立以来珐琅壁画的奠基人和首创人之一。国画“九州神鹰图”、“留得莲实飨后人”、“群鹭祥和图”等被天安门管理委员会、毛泽东纪念堂、中央档案馆、中央文献出版社、刘海粟美术馆、北京市政府会议中心等重要场馆收藏。“秋塘群鹭图”被国家作为国礼赠送给日本前首相竹下登等外国政要。作品曾获国家轻工业部优秀作品创作银奖、黑龙江美术创作百花奖、国家发明奖铜奖。“群鹤庆丰图”参加全国政协书画室、民革中央、中国美术家协会举办的纪念孙中山诞辰140周年大型庆祝活动系列联展，作为精品被国家收藏，同时被选入活动精品大型画册。至上世纪七十年代末以来，曾多次在北京、广东、福建、广西、黑龙江、江西、上海、天津、河南、安徽、山东、河北等数十个省区市举办画展；作国中国人民的友好使者和文化使者，曾代表国家前往韩国、芬兰等多个国家举办画展，作品被这些国家的国家美术馆、图书馆、博物馆收藏；曾多次出版个人画集、挂历、台历、，系列宣传图录和专辑文录，系列评论作品曾被作家出版社出版的《岁月如歌》专著重点批量收辑；作品曾多次被中央电视台、人民日报、新华社、光明日报、美术杂志、中国书画报等国内和国际数百家主要媒体、报刊杂志和文化美术领域主要报刊媒体宣传和报道。作品曾多次在美国、加拿大、日本及西欧、北欧等世界多个国家展出，曾多次获国际大奖和金奖。

双雄图

群鹭祥和图

陈志贤 ChenZhiXian

陈志贤 笔名子容，吉林长春人 高级美术师、一级画师。子容书画院 院长 中国书画学会 副主席 中国名家书画院 名誉院长 香港中华艺术家协会 荣誉会长 中国美术家协会长春分会 会员 中国书画家协会 会员 中国国际经济发展研究中心 特邀高级研究员 世界和平女神香港基金会书画艺术委员会 常务理事 世界文化艺术研究中心 理事

先后被授予"中华当代艺术精英"、"优秀书画艺术家"、"中华当代杰出功勋艺术家"、"百名中国书画名家"、"优秀中华文艺家"、"2005年中国书画年度人物"、"2006中华百业杰出创新人才"、"德艺双馨艺术家""国学十年明珠艺术家"、"中国百名行业创新杰出人物"金像奖、"华夏英才"金爵奖、"2006年度中国百名改革创新风云人物"、"慈善贡献奖"、"2006年构建和谐社会新闻人物"、"楷模之光"金奖、"中国文化艺术终身成就奖——书画艺术类"银奖、"新世纪兴国人才"金奖、"2006年中国经济女性成就奖"、"中国书画金奖艺术家" "国学家"、"庆祝香港回归十周年最高艺术成就奖——紫荆花"金奖、"世界华人艺术精品大展澳洲展"金奖、"2007中国艺术年度人物"、"共和国杰出艺术家"等荣誉称号，并颁发特制钛金奖杯、奖牌。

先后多次被邀请进京分别参加"庆祝建国五十三周年全国书画联展"、"纪念邓小平100周年全国书画大赛"在钓鱼台国宾馆的授奖仪式、合影、大型笔会等活动。被邀请出席北京当代中国书画邀请展暨研修联谊笔会。被邀请出席人民大会堂"2005年中华社会各界新闻人物代表新年团拜会"、"中华两岸三地2006中华百业杰出创新人才五一座谈会"、"百名创新英才参加的第十八届国际科学和平周大会"、"2006中国十大经济女性年度人物征评暨第四届中国经济女性发展论坛"嘉宾等活动，分别接受国家领导人的接见并合影留念。

绘画作品先后多次参加国内、外大赛分别荣获金奖、铜奖、一等奖、优秀奖等多次奖项。分别入编《中华英模人物大典》、《世界名人录》、《中国艺术家志》、《世界文艺博览——中国书画》、（华商）、《画界》、《陈志贤国画作品集》多部书画集、诗集四十余部书籍，作品均被收藏。

人生格言：

自强、自立、自信、自律

学无止境、认真探求、乐观向上、不懈努力

工 作 室：长春市进化街512-2号401信箱
传真/电话：0431-85959658 13944133191
E-mail:rudyy@21cn.com
博 客 网：www.chenzhixian2008.blog.sohu.com

奥运感言： 华夏圆梦北京2008

百年圆梦中华地，鸟巢助威显神龙。

奥运再现炎黄志，和谐盛世幸福时。

国色天香

和〻美〻別樣紅
丁亥志賢畫

鹏程万里

李智纲　LiZhiGang

李智纲　河北威县人，1960年入南开大学历史系，1962年转学天津美术学院。现为《散文百家》编审、国家一级美术师，中国美术家协会会员，中国当代书画研究会名誉会长，当代中国花鸟画研究会理事，中国国家友好画院特聘画家，河北省花鸟画研究会副会长，中国散文学会会员，邢台美协名誉主席。现定居北京。

作品多次参加国内外大展并获奖，发表于众多国家级报纸、刊物、多媒体宣传报道。多幅作品被人民大会堂、天安门城楼、中南海等国家机关和学术团体收藏。

出版专辑有《怎样画木本花卉》、《葡萄画法》以及《李智纲画集》、《中国当代书画名家精品系列李智纲专辑》、《中国画家李智纲》、《李智纲写意花鸟》、散文集《心境》等。入编《中国美术选集》、《中国花鸟画百家》、《水墨中国》、《当代中国花鸟画集》等多部合集。获“中国百杰画家”、“中国当代百名杰出国画家”等荣誉称号。

润　　格：8000元 /每平尺

地　　址：北京通州区富河园7-211　　邮编：101100　　电话：010-80507869

野花红艳美人魂　　68×68cm　　2006年

冷香清艳　136 × 68cm　2007年

南海一炷　38 × 178cm　2004年

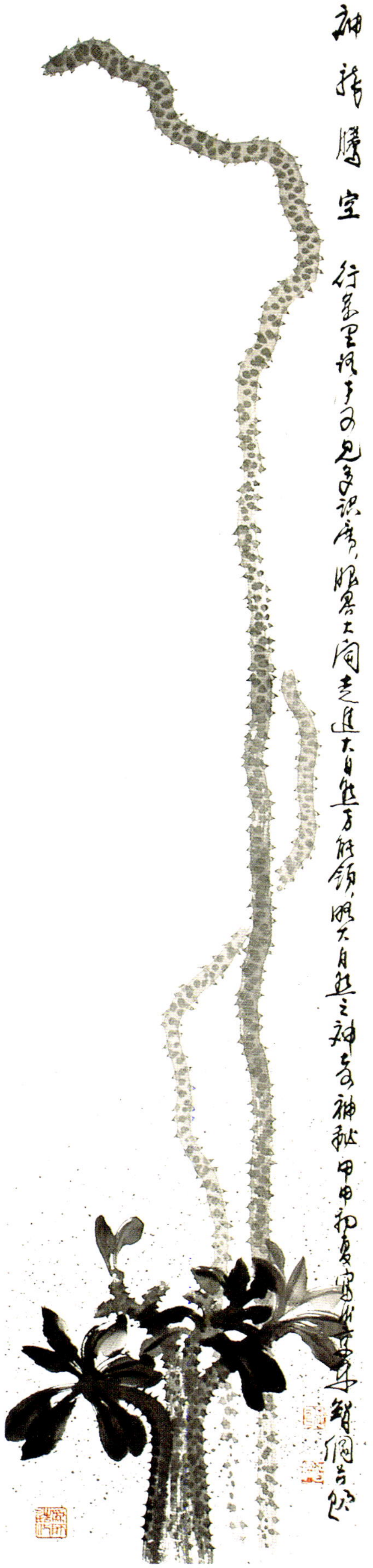

神龙腾空　38 × 178cm　2004年

大漠灵光　49 × 178cm　2004年

蓑翁探漠　49 × 178cm　2004年

笔底明珠　136 × 68cm　2005年

刘振骠　LiuZhenBiao

刘振骠，1942年生于北京。现任东方白马书画院副院长，中国三峡画院顾问，中山书画社理事，文化部文化市场发展中心特聘画家，当代著名写意花鸟画家，美术教育家，国家一级美术师。

刘振骠先生长期以来一直从事国画创作和美术教育工作。注重观察自然，大量写生，绘画在继承传统技法基础上，大胆借鉴融汇西方绘画之色彩，形成绚丽多姿的个人风貌。作品题材广泛，构图严谨，形神兼备，受到海内外美术馆、画廊及国内外人士的喜爱和收藏，更有作品以国礼馈赠国际友人取得较高国际声誉。在国内外多次举办个人画展，经常参加中央及地方举的大型展览。刘振骠先生及作品被《北京电视台》、《光明日报》、《北京晨报》等多家媒体报导，同时被载入《中国名家书画大典》、《当代花鸟画精品选集》、《中国当代美术名人录》、《世界名人录》等多部典集。

碩果累累

杜星杰　DuXingJie

杜星杰，早年师从四川著名画家李少言、李道熙等。后受教于孙其峰、刘大为、白庚延等大师。毕业于北京齐白石艺术学院，并进入中国美术家协会中国画高研班深造。对文学和其他艺术门类的涉猎，以及坎坷的人生、复杂的工作经历，奠定了"画外功"。

作品从80年代起，陆续在省级、国家级报刊杂志发表；多次在全国性展出中获奖，并在香港、台湾、日本、澳大利亚等地巡展。部份作品收录于《中华中青年国画名家集粹》、《当代水墨大观》、《国际书画篆刻大观》、《中国书画名人名作典藏》、《当代名家书画系列》等画册。《三峡密林图》入展中国文联、美协联合举办的庆祝建国55周年全国美展，《东风第一枝》入选2006中国美协全国中国画展。《根基与传承》入选2007群星奖展览；《疏枝繁花写横斜》获澳大利亚世界华人艺术精品展国际金奖；论文《中国画与中国的传统文化》在中国美协理论研讨会上交流。

杜星杰的绘画建立在历代名家经典之上，在师造化。他主攻山水兼攻其他，其画作融吴苍硕苍劲的笔墨、任伯年清灵的格调、李苦禅雄浑的画风、齐白石深邃的内涵，讲求构图完美，笔精墨妙、给人以愉悦，给人以心灵的打动。人文、凝厚、灵动、韵律、求变，是他绘画的格言。

(404000)重庆市万州区沙龙路三段206号
电话：13101081855

程越　ChengYue

程越，别署三叠堂主人，山西长治市人，1947年生，山西大学艺术系毕业。长期从事工艺美术设计，颇多造诣，曾获国家部委级大奖七项，现为中国工艺美术学会会员，美协山西分会会员，长治市美术家协会名誉主席，上党书画院名誉院长，国家高级工艺美术师。

中国画以花鸟见长。作品工而不腻，写而不泛，自适其趣，率性为之。凡画不但着眼于“悦目”，更注重于“赏心”，从神思飞扬中落墨，于物我两忘中迹化，外师造化，会古融今，法宋元文人画而自破藩篱，追明清诸家而自出新意。既有明确的时代意识，又有丰厚的传统功力。

作品经常在许多国家级刊物发表，并举办个展和联展多次。近年有午多作品被中外人士收藏。96年由中国画报出版社出版《程越中国画集》。

电话：0355-2062761　　13835532516
地址：山西省长治市西大街凤凰嘴107号　　邮编：046000

丁亥

吴建堂　　WuJianTang

吴建堂，祖居四川青神县东街93号，画历达半个多世纪，为资深国画家、“捻条画父子发明人”，现为中国捻条画研创院院长、国际美术家联合会理事（功勋书画家）、香港皇家社会科学院院士（一级美术师）、爵士、中华名人协会书画研究院院士、中国国画院名誉院长。4岁起随父（吴道悲教授）习画幸受父之画友张大千、徐悲鸿的指教。2001年在深圳市中心举办了半个月个人画展，1999年捻画《兰石图》获“特别国际金奖”，作品被泰国王宫收藏并授予“世界杰出华人艺术家”金匾。同年捻画作品《飞跃图》、《双江团鱼飞天》获第五届国际书画展览美术金奖。2003年、2006年两度由人民日报出版社出版了《吴建堂捻条画》画集。2005年被特邀参加第六届花博回现场作画并办展，其画的拍卖实获居首世所共睹国际互联网上，吴建堂的艺术作品和业绩排入“世界艺术网”第一位画家，现展收于www.wujiantang.com等十余个海内外网站。捻画作品曾被国家领导人邓小平、胡锦涛及中国美术馆收藏。捻画艺术及作品被中央1、2、7台以“中国一绝”栏目播放达70余次。吴建堂十年来先后在中央美院、徐悲鸿纪念馆、深圳大学、全国人大、国防部、作过画有识之士竟相收藏其作品。

电话：010-69594031　　　13621059613

双鱼图

净洁不同图

兰石图

欣悦图

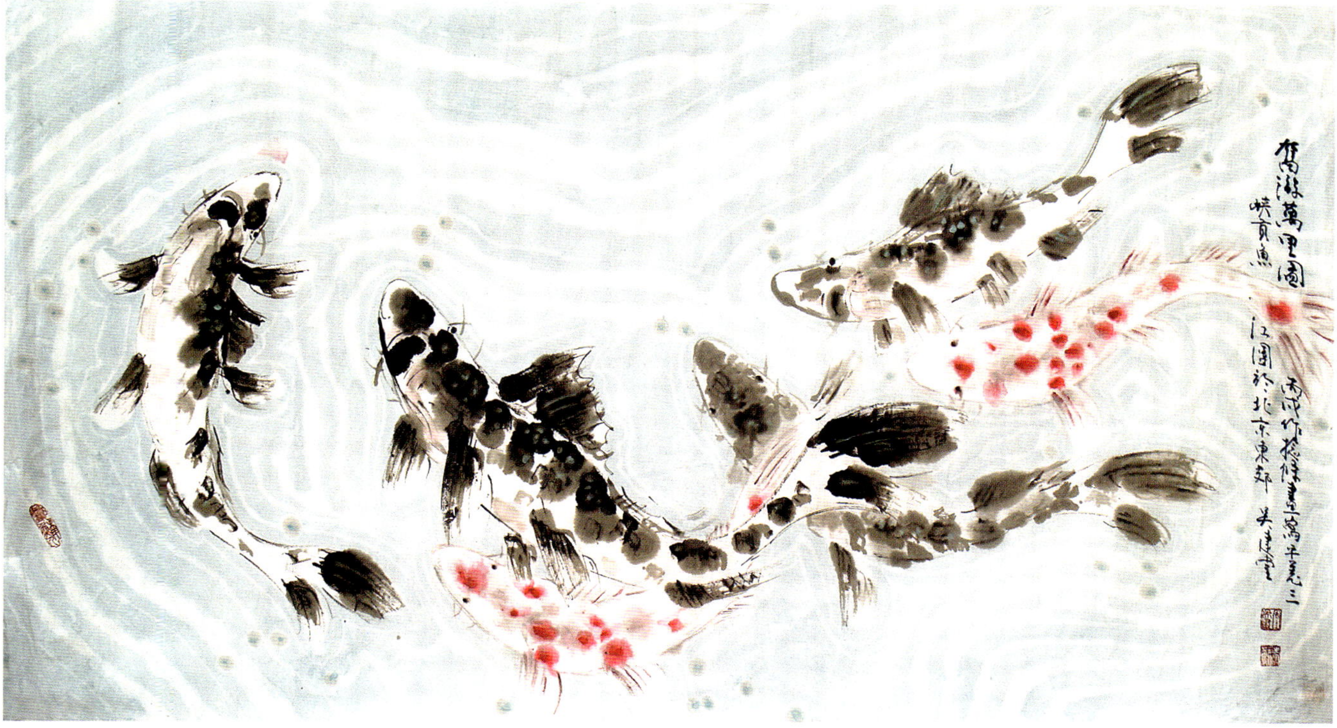

奋游万里图

奔泉激志图

许世山　XuShiShan

许世山，当代画马名家，号房星阁主。中央文史研究馆书画院研究员、国家一级美术师，中国神剑文学艺术学会理事，中国文化艺术发展促进会艺术委员，兼任中国东方艺术研究院名誉院长，中国敦煌国画艺术创作委员会特邀副主席等国内十余个专业艺术单位的艺术顾问，名誉院长。作品《奋蹄》获中国美协，中国神剑四届全国美展优秀奖。《韩愈诗意》获中国青年国画展一等奖。《大漠群龙》获中国美协，国际文化交流中心“北京.2000奥林匹克全国艺术大展”铜奖。《六骏》获文化部“97香港回归中国画大展”优秀奖。《奋进》入展中国文联，中国美协“改革开放二十年全国美术书法摄影展”。《踏清秋》获文化部，中国美协“澳门回归中国画大展”优秀奖。《长吉诗意》获全国首届国画家“中国画小品精作展”优秀奖。作品《双龙出海》获文化部，中国文联“中华世纪之光”全国书画大展金奖。作品《红云》获国画家“全国中国画小品精作大展”一等奖。作品《骑射图》获泰山颂当代国画名家邀请展金奖，作品《天马龙骧》获“天骧杯”中国画马艺术大展一等奖。曾先后出访东南亚，澳大利亚，法国，德国和意大利等国家与地区举办画展，艺术交流,多件作品被有关博物馆和美术馆收藏。出版有，《许世山画集》。

通讯：青岛市江西路64号　　邮编：266071　　电话：0532－85843126　　85841626

芦苇之恋　呼唤　(国画)　68×136cm

芦苇之恋　风情　(水彩)　54×79cm

张云海　ZhangYunHai

张云海笔名野村，当代著名书画家。现为中国传统文化促进会执行秘书长，　云海画院院长，中国著名书画家网总编。毕业于安徽师范大学美术系，进修于中央美院。师从哈定、郑震、石齐艺术大师。擅长油画、水彩、中国画、书法、诗歌艺术等。作品曾多次参展获奖并发表于国内各大报刊杂志。代表作品有：油画《人物肖像》、水彩《茶马古道》系列、国画《芦苇之恋》系列、书法《佛》等。

2007年主要活动纪事:

美术作品《港湾》入选2007最新版北京交通旅游图。

书法作品《佛》字被中国国际经典书画院永久收藏，并向国内外展示。

美术作品《春色皖南》在全国政协礼堂参加了2007茶文化艺术作品展。

美术作品《红军走过的地方》在全国政协礼堂参加百名将军颂长城书画展。

美术作品《风雪大别山》入选纪念建军八十周年书画展，并在军事博物馆展出。

美术作品《希望》捐赠沂蒙山等贫困地区、被中国传统文化促进会授予"爱心大使"荣誉称号。

美术作品《芦苇之恋》参加"慈善书画万里行"北京公益拍卖活动，获中华慈善总会授予的荣誉证书。

地址:中国 -北京　电话:15901467926　传真:010-83533439　E-mail:xkzx2004@163.com

付新民　FuXinMin

付新民，号新萌，1949年6月生于中国江西南昌，现就职于中国厦门。

从事绘画、雕塑艺术创作四十多年，先后被中国厦门大学艺术学院、集美大学艺术学院、福州大学工艺美术学院聘为客座教授，中国根艺美术大师，中国美术家协会会员。

出版过多本现代雕塑、水墨画专著。作品先后被中国美术馆、成都现代艺术馆、中国上海城市雕塑中心、厦门艺术中心等地收藏。

自2001年以来，雕塑作品参加过中国第十届美术展览、首届中国国际建筑艺术双年展、第二届中国北京国际美术双年展、奥运景观国际雕塑大赛、巡展等多次国际、国内大展。现代水墨画作品应邀先后在美国波士顿、西班牙巴赛罗那、荷兰祖特梅尔、日本崎玉越谷等地展览。

《天堂N06》　95×130cm　2003年作

《风水轮转N02》　95×130cm　2003年作

展 览:

2002年07月《长征——艺术活动》(雕塑)叶坪文物馆 瑞金

2003年12月《大海•音乐——厦门国际雕塑展》 厦门

2004年05月《新萌现代水墨画展》厦门文化宫 集美大学美术馆 厦门

2004年08月《第十届全国美术建筑艺术双年展——国际城市公共空间

环境艺术展》(雕塑) 首都城市规划展览馆 北京

2005年04月《汇合——中外艺术家第二届作品展》(水墨画) 巴赛罗那 西班牙

2005年07月《成都双年展》 成都现代艺术馆 成都

2005年09月《第二届中国北京国际美术双年展》(雕塑) 中国美术馆 北京

2006年04月《奥运景观国际大赛、巡展》 北京

2006年07月《来真的——当代艺术展》(雕塑) 朱屺瞻美术馆 上海

2005年11月《新萌现代重彩水墨画展》 厦门美术馆 厦门

2006年09月《汇合——中外艺术家第三届作品展》(雕塑) 厦门

2006年10月《2006中韩雕塑交流展》 厦门艺术中心 厦门

2006年10月《中国画三人展》 祖特梅尔市美术馆 荷兰

2006年11月~2007年7月《海峡书画交流展》 郑州 厦门 台北

2007年03月《雕塑与城市的对话—2007迎世博•上海国际雕塑年度展》上海城市雕塑中心 上海

2007年05月《生命的颜色——人与环境主题雕塑展》 厦门

2007年10月《人与环境——中德艺术活动展》 (雕塑•水墨画) 厦门

2008年01月《生命的涌动——雕塑水墨画个展》 你好国际现代艺术馆 厦门

2008年02月《傅新民现代水墨画个展》 波士顿 美国

《凝固的风景N02》 95×180cm 2003年作

《城市雕塑中心N10》 95×180cm 2003年作

刘天明　　LiuTianMing

刘天明，笔名醉石，北京牡丹斋斋主，毕业受益于西安美院，现定居北京。

其画作，眼界高远，不拘一格，画路广泛，挥洒万象，然而最令人击节赞赏还是他的富贵牡丹图，泼墨、写意部局严谨，技法由表及里，他笔下的牡丹骨劲、神轻、风劲、韵劲、枝多枯笔飞白，苍劲有内涵之力，叶多润豪有雄浑之气，枝助花精神，叶淡花艳色，这一着意经营的格局，重彩而无俗艳之憾，俏丽而无兆达之嫌，枝头繁花，形不重出，叶底群蕾，情态各异三二蜂蝶，嗡嗡嘤嘤恋蕊不去，使画面神韵备增，不仅尽显牡丹的芳质艳姿、同时透出它的劲骨钢心，形成自己的独到的风格，工笔动物也神采奕奕，细致到位。

作品多次在国内外大赛中共获金银铜奖20多次，在郑州太白书画苑、北京荣宝斋、深圳宝瑞斋等地举办个展10多场，入编北京盛世轩编纂的《中国名家名作典藏》等十几部传世经典，被国内外美协机构和个人收藏。

现为：《中国美术家杂志》、《中外新闻人物杂志》美编，上海华漕书画院艺术顾问、画圣吴道子艺术馆理事、中国河洛书画院副院长、中国美术家协会会员、北京慈善大使。

地　址：北京市宣武区琉璃厂西街36号铁胳膊胡同2号

网　址：www.liutianming.com

电　话：010 - 63012948 手机：13366893509

天香逐晚风　96 × 96cm

墨色传香　96 × 96cm

李瑞卿　LiRuiQing

李瑞卿，字半墨，1958年出生于山东，现居北京，中国美协会员，阳光书画院院长，北京万博书院副院长，三峡画院一级画师，北京画院郭石夫艺术工作室，中国书画名人榜签约画家，自幼习画，三十余年寒暑不辍，摄取任伯年、徐悲鸿、齐白石、潘天寿写意猫画风，常年与猫为伴，立志独壁画猫艺术蹊径，不惑之年创出“三角形猫眼”新技法，形成个人独特的写意猫之画风，在海内外画坛享有盛誉，作品曾多次参加全国及国际书画展览，并多次获奖。多幅作品被香港、台湾、日本、新加坡、韩国等国内外友人及艺术馆收藏。

地址：北京市丰台区长辛店槐树岭三号院老干辦　　邮编：100072

网址：www.shuhua365.com　liruiqing.caan.cn

电话：13146612620　13853698696

威而不怒

伟啸神威

夜来风雪图

天山来客

尹东亮 YinDongLiang

尹东亮字晓龙，70年生于鲁中一书香世家。自幼习画。师承著名花鸟画家赵占东。并客居京城数载得当代众多名家指教。尊传统偶有心得，画风清丽、洒脱、雅俗共赏体现画外之意。尤以北方沂蒙山区之山石、溪流、野花（草）入画得纯朴、雄壮、刚毅之气。不入俗流、静心绘事。为职业画家。

艺术历程：2004年：《悠悠林中情》国家林业局“关注森林，绿我中华”全国大赛获奖入编作品集。2005年：《秋色秋新》首届中国金鸡奖获奖入编作品集。《沂蒙九月》第十二届“全国花鸟画邀请展”获奖入编作品集。《沂蒙金秋》人民日报“抗日战争胜利60周年”大型书画展获奖入编作品集。2006年：《故乡秋韵》“共建绿色家园”纪念全民义务植树运动25周年全国书画大赛获奖入编作品集。并出席在北京人民大会堂举行的系列活动。《秋实》纪念人民日报社成立50周年入编“人民文摘”特刊作品集。“沂蒙秋色”第十三届“全国花鸟画邀请展”获奖入编作品集。“大众日报”《汉风书画》特别推介“山魂系列”入编作品七幅。2007年：”<<故乡情>>中国美协首届“草原情”获奖入编画集。《沂蒙山魂》庆祝中国人民解放军建军80周年“从胜利走向胜利”书画展提名，展出并入编画集。

联系电话：0536-3672634　13188851915

E - mail:xiaolong51915@sina.com

地　　址：山东省临朐县民主路北和平街69号

安华平 AnHuaPing

安华平 男 1968年生于成都，中国美术家协会会员、四川省美术家协会会员、四川省诗书画院特聘画家，师从著名工笔画家江溶、王巳勇先生学习工笔花鸟、走兽，现为职业画家。

2005年获《纪念抗日战争胜利60周年全国中国画展》银奖。

2006年获《黎昌第四界全国青年中国画年展》铜奖。

2007年获《第三届全国中国画展》优秀奖。（中国美术馆收藏）

2007年获《全国工笔重彩小幅中国画展》优秀奖。

2005年入选《中国百家金陵画展》。

2007年入选《中国百家金陵画展》。

2005年入选《第十六届国际造型艺术家协会.美术特展》。

2006年入选《全国第六届工笔画大展》。

2006年入选《纪念红军长征胜利70周年全国中国画展》。

地址：四川省成都市建设路8号2幢1单元13号

邮编：610051

电话：028-84310175 13688060779

春意盎然 140 × 70cm

雨林清露　180cm × 98cm

雨林春早　183cm × 240cm

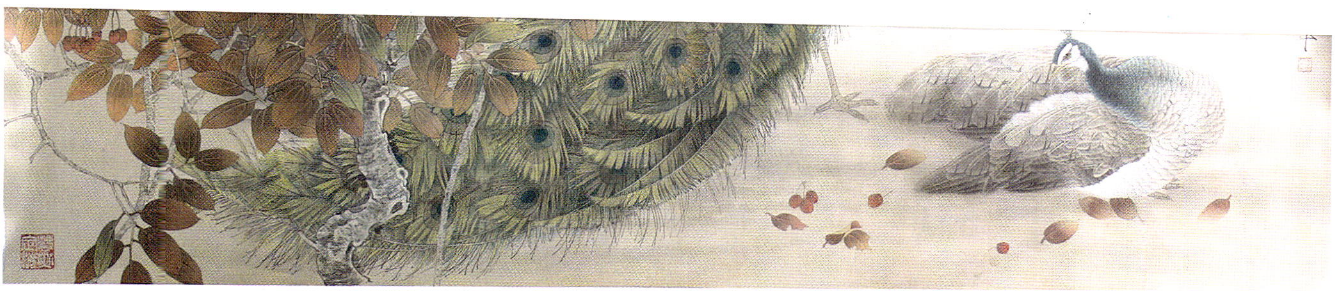

红叶成佳偶　140cm × 87cm

韩伟华　HanWeiHua

韩伟华，１９７７年生于河南获嘉。２００１年就读于中央美术学院美术史系研究生班，研究方向当代美术批评。２００３年至２００６年任《画廊》杂志社责任编辑；２００４年至今为北京翰海拍卖有限公司当代艺术部中国当代书画主管；中国收藏家协会会员、中国美术艺术家协会理事、画家。

１９９９年入选河南省第九届美术作品展，获铜奖；２００１年入选爱我中华中国画・油画大展，获优秀奖；２００２年在中央美术学院举办Ｅ１－２１９空间韩伟华个人作品展２００４年入选河南省第十届美术作品展，获铜奖；２００５年入选全国中国画作品展；２００６年作品“直指人心之八、之十三”参加翰海夏季拍卖会中国书画当代专场拍卖；２００６年作品“灰罐子—拟陈淳笔意”参加中安太平国际拍卖有限公司秋季艺术品拍卖油画专场；２００５年参加“有情绪的水墨”六人纸上作品联展；２００６年作品入选黎昌杯第四届青年中国画作品展，获优秀奖；２００７年作品“河上花ＮＯ．１８”参加翰海迎春拍卖会中国书画当代专场拍卖:2007年作品“连年有余图”参加翰海春季拍卖会中国书画当代专场拍卖；２００７年作品“河上花ＮＯ．５７”参加翰海春季拍卖会中国书画当代专场拍卖。

地址：北京朝阳区崔各庄乡费家村艺术工作室8号院　邮编：100103
个人信箱：too11@126.com
手机：13439967886　座机：0373-4589330

《河上花NO.203》　纸本设色　25×60cm

《河上花NO.136》　纸本设色　145×365cm　2007年

伟华画荷，布局大气浑成，行笔真切沉实，枯润有道，墨韵生成，叶底游鱼徜徉其间，一派超脱境界生于腕底，如此胆识，切令人激赏者也。

————东方美术交流学会理事 吴悦石

可贵者胆！看韩伟华的写意荷花纵横涂抹，四面出击，有真性情也。

————中国国家画院 邢少臣

在当下画坛众多的画家队伍中，画荷花这一题材的画家不在少数，但当你亲身到现场来看到韩伟华的作品时，你依然会被画面传达给你的信息所打动。在继承传统的前提下，画家摈弃了末期文人画软弱无力的衰败之风，雄强之气漫溢其中。画面在骨气上巧用了西画的处理方法，但以形写神又暗合了东方古贤千百年间在制艺上达到的高度。问题还有这里所提到的形，它并不是死扣的形的概念，它更多的带有人类欣赏自然时的"视错觉"和东方人对自然气息特殊的敏感。观韩伟华的作品你会有秋风吹过荷塘时雍懒的惬意，这恰是中国人一直在追求的儒、道、释合而为一的禅宗精神的具体体现。特此推荐。

————《复性艺术》杂志　伏弘、李茂忠

《河上花NO.108》　纸本设色　123×246cm　2006年

《河上花NO.67》 纸本设色 60×63cm 2006年

《河上花NO.68》 纸本设色 60×63cm 2006年

杨玉辰 YangYuChen

杨玉辰（笔名：石翼、石艺等），男，1944年11月生于石家庄，1968年毕业于天津师范学院中文系（本科），同年入伍，在部队任新闻干事，中共党员，1985年调解放军报任编辑，大校军衔，曾为解放军报主办的《军事记者》杂志主编。

自1966年开始，共发表各种新闻和文艺作品3200篇（首），获奖30次，出版《杨玉辰杂文选》、《胆识论》（杂文二集）、《文苑笔墨》（自选集）、《追星集》（散文集）、《战士的爱》（诗集）等著作共19册。

业余爱好书画创作，有幸得到著名书画家陈玉先、仓小宝 、鲁剑的指教，受益非浅。近年主攻国画——写意花鸟，尤擅牡丹和梅花，在军内外报刊发表花鸟作品70余幅，入选全国性大型画册十五种，参展并获奖多次。

杨玉辰，主要艺术兼职：

总政治部老干部学院聘为书画创作研究员。

和谐图　136×69cm

2005年8月，加入中国书画研究院，并被任命为研究员。

2005年8月，被国际羲之书画院聘为副院长（永久）。

2005年被中国书法美术家艺术创作中心聘为“终身荣誉教授”。

2005年12月被现代书画院聘为名誉院长。

2007年被中国国际书画艺术研究院聘任为首批国际交易联盟理事。

2007年被中国国际书画研究院聘为终身书画家。

主要获奖项目：

2004年9月　在中国长城学会、中国国家博物馆、中央文献出版社、中国书画家联谊会联合主办的纪念邓小平题词“爱我中华，修我长城”二十周年百米长卷活动中，其国画《祖国颂》被中国文献出版社和中国书画家联谊会收藏。

2005年在“情系奥运中华书画艺术展世界行”中，其国画牡丹获优秀作品奖。

2005年作品在北京中华文化学院、北京师白艺术研究会、抗日战争60周年系列活动组委会主办的纪念活动中，获荣誉金奖，并被收入《中华名家翰墨精品集》，被授予“中华翰墨丹青艺术家”。

2005年在“金鼎奖”全国书法美术大展赛中，荣获美术类银奖，并入选《全国书法美术优秀作品集》。

2005年8月在“第三届当代中国文人书画艺术北京邀请赛”中荣获金奖，并入编《中国文人书画艺术家精典》。

2005年在“纪念中国人民抗日战争胜利60周年·中华当代艺术家作品展”中荣获二等奖，作品由文化部文化艺术人才中心收藏。

2005年作品被评为“翰墨中国金奖”，并入选《翰墨中国大型系列艺术画集（第二卷）》，被授予“翰墨中国艺术名家“称号。

2004年在第三届“情系奥运中华书画艺术展世界行”中获优秀奖。

2005年11月在“走进新加坡——中国书画家精品展”中获金奖，同时获“中国书画艺术精品工程奖”。

2005年在第一届“情系奥运中华书画艺术展世界行”中获铜奖。

2006年6月国际羲之书画院授予“中国书画艺术专业拔尖人才”。

洛阳春色　　136×69cm

总领群芳

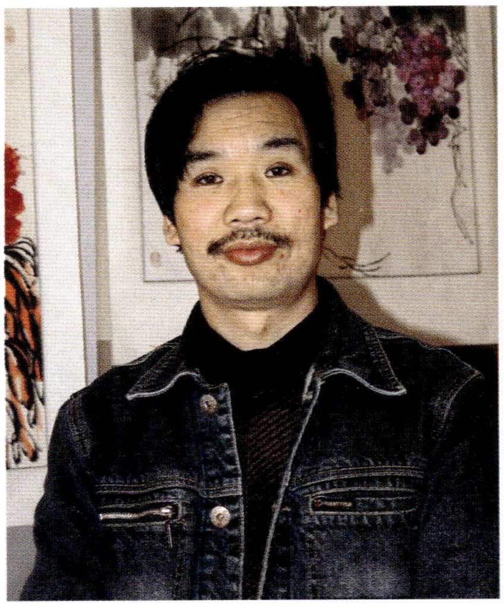

苏京凌 SuJingLing

苏京凌，1963年9月生于宁夏固原市，祖籍甘肃省庄浪县。现为中国国画家协会理事，六盘山书画院副院长，宁夏美协会员，固原市美协理事。现就读中国书法院“硕士研究生课程班”。

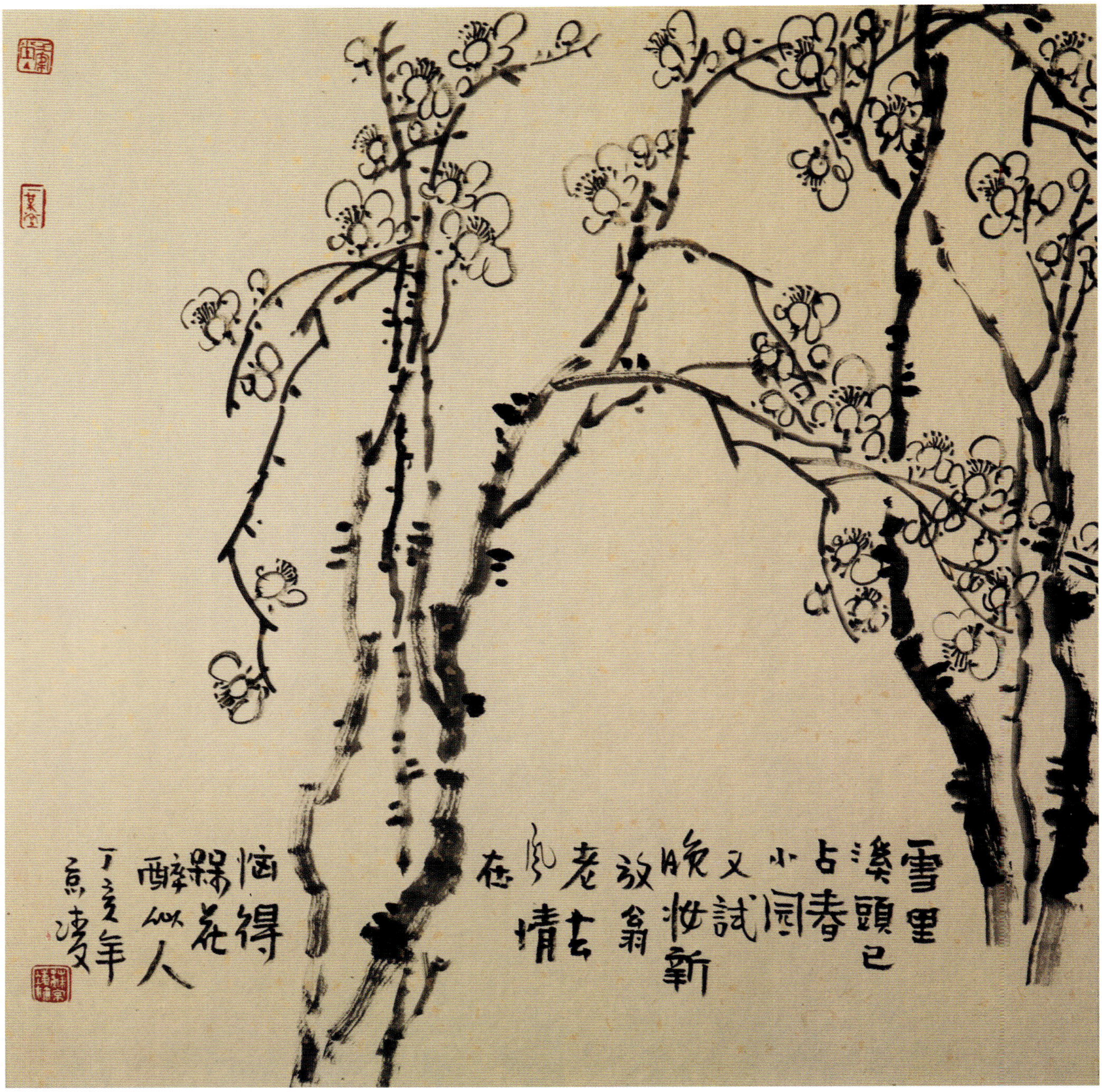

京凌寫梅

楳花勝
前破綻
花年後多総
知春意早最
奈客愁何
京凌

聞君家
在雨邊住靠
近闌干處畫
詩只梅花
應冷咲清香
元不要人知
京凌寫梅
於中國書法院

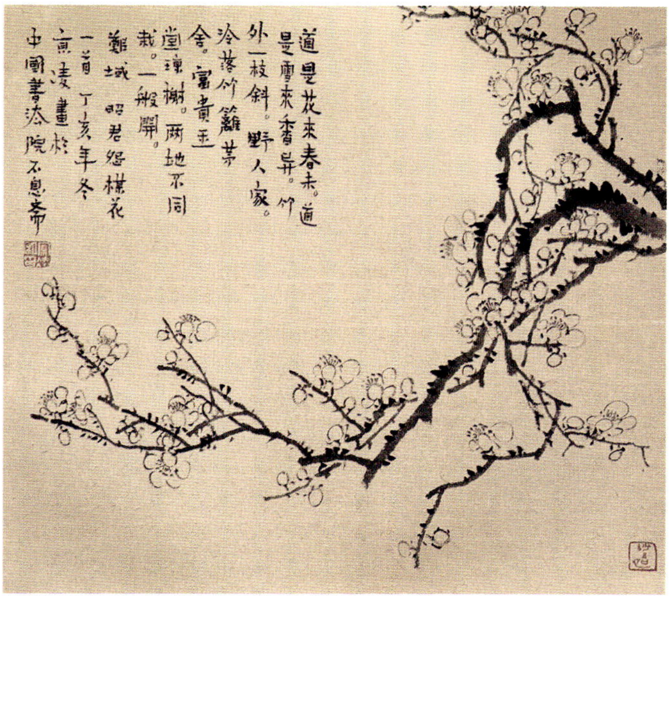
道是花來春未。道
是雪來香異。竹
外一枝斜。野人家。
冷落竹籬茅
舍。富貴玉
堂瓊榭。兩地不同
栽。一般開。
一首 丁亥年冬
京凌畫於
中國書法院不息齋

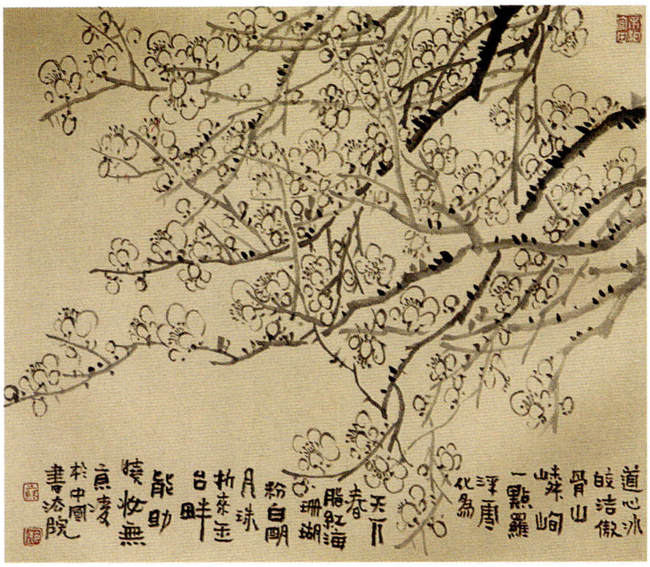
道心冰
皎潔傲
骨山
嶙峋
一點羅
浮庸
化為
天下
春
胭紅海
珊瑚
粉白明
月珠
折來玉
台畔
能助
靚妝無
貞凌
於中國
書法院

好睡慵開莫厭遲，自憐冰臉
不時宜。偶作小紅桃杏色，閑
雅。尚餘
孤瘦雪霜姿。休把閑心隨物態。何事，酒生微暈
沁瑤肌。詩老不知梅格在。吟詠。
更看綠葉與青枝。
丁亥年 貞凌寫

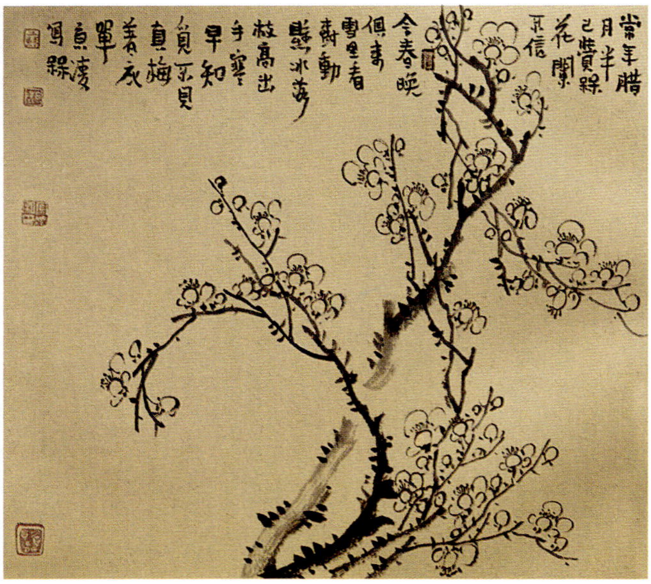
常年臘
月半
已賞梅
花開
不信
今春晚
俱未
雪里看
索動
照冰蕊
枝高出
手寒
早知
貞不見
真梅
着衣
單
貞凌
寫梅

天涯不
見憶遙相
窗外
春風逢
乍訝迷
彷彿空
山明月
夜二
枝初出
古墙西
貞凌
寫梅

忽見寒梅樹
花開漢水濱
不知春色早
疑是弄珠人
京凌

暗香浮動月黃昏
堂前一樹春

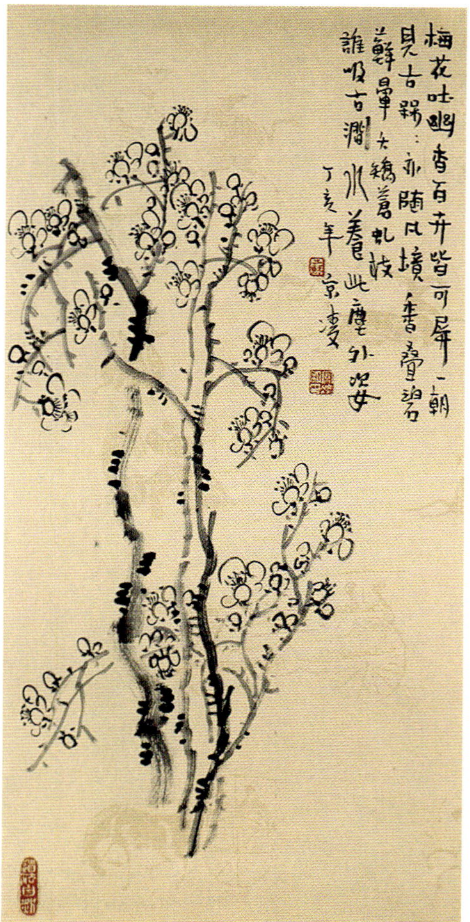
梅花吐幽香百卉皆可屏一朝
見古槑槑亦隨風殞香疊碧
蘚暈交織蒼虬枝
誰吸古澗水養此塵外姿
丁亥年京凌

雪里溪頭已占春
小園又試晚妝新
放翁老去風情在
惱得梅花醉似人
京凌畫

硕 果 136×68cm

飞雪万花眠铁骨一树艳　84×50cm

刘刚　LiuGang

刘刚1972年生，四川省美术协会会员，成都市美术家协会会员，师从江溶、姚思敏、王申勇等先生。

2007年作品《溪涧秋霭》获“全国第四届西部大地情中国画、油画作品展”银奖

2007年作品《秋涧雨后颜色新》入选07’全国中国画作品展

2007年作品《清夏图》获全国小幅工笔重彩作品展优秀奖

2007年作品《清溪》入选厦门中国当代实力派国画家提名展

2007年作品《溪涧细语》入选第三届全国中国画展

2006年《秋溪露影》入选纪念中国工农红军长征胜利七十周年全国中国画展

2002年《芙蓉国里尽朝晖》入选首届西部大地情全国中国画展

1997年作品《茂林》入选97’成都国际熊猫节中国画大展获金熊猫奖

1997年作品《玉洁》入选首届欧洲中国画大展

1995年作品《瓜叶菊》入选四川省“电子天府杯中国画展”获优秀奖

秋日　46cm × 173cm

清夏图　　70cm　×　140cm

溪涧秋霭　　120cm　×　240cm

溪涧细语　93cm × 172cm

秋涧雨后颜色新　93cn × 172cm

唐亮　　TangLiang

唐亮，1955年出生，江苏南京市人，香港美术家协会理事，江苏省文化艺术促进会理事，江苏省建筑壁画学会副会长，沪港文化交流中心副秘书长，中国建筑学会会员，中国壁画学会理事。

唐亮自幼酷爱绘画，1982年毕业于南京工艺美术学校，1997年毕业于澳大利亚梅铎大学获硕士学位。近期以线条加淡彩相结合，作品多次参加国内、香港艺术展览，1997年举办“唐亮素描及彩绘展”（香港）、2000年举办“唐亮笔下的香港”画展（香港）、1998年5幅作品入选《香港速写集》、1999年参加亚太地区艺术展、1999年作品入选《香港水彩作品集》并参加第九届全国美展，获得《香港展区》优秀作品、2005年中国建筑出版社出版《唐亮钢笔画专集》、2005年中国计划出版社出版《线之情-唐亮钢笔画集》、2007年云峰画苑出版《心语同源-高鹤云摄影唐亮钢笔画集》、2007年云峰画苑出版《乡情》素描集，世界各地收藏家均有购藏。

佛罗伦萨　80×50cm

俄罗斯　　80×50cm

法国波尔多教堂　　80×50cm

圣玛可教堂　80×65cm

威尼斯水城　120×80cm

魏笙筠　WeiGuiJun

魏笙筠　女，汉族，大专，北京市人，1934年生，1951年参加工作，曾任青岛人民广播电台播音员。生于丹青世家，父亲为晚清宫廷画师，擅工笔花鸟。自幼由父启蒙学画，其后数十年研习不辍，退休后曾入中国书画函授大学学习二年。作品“芙蓉鸣春”辑入中国书画函授大学建校十周年书画纪念册。参加中国历史博物馆举办的“中国巾帼书画展”并获优秀奖，济南李清照纪念馆和烟台市博物馆、黄海博物馆都有藏品并发了收藏证。现为中国农民书画研究会会员、山东省美术家协会会员、山东省女画家协会会员、烟台市美术家协会会员。

中国当代书画名家年鉴 2007

Chinese present age calligraphy and painting famous expert yearbook

人物国画卷

Character country picture scroll

柴京津　ChaiJingJin

柴京津，1955年出生，毕业于解放军艺术学院美术系国画专业；现为中国美术家协会会员，八一书画院副院长，中国书画经营家协会副会长，全国书画院协会副秘书长，总后勤部政治部创作室专业画家。国家一级美术师。清华大学美术学院特聘教授，全军美术系列高职评委。

美术作品多次参加全国、全军美术展览，其中：中国画《人日》获得第三届全国工笔大展银奖；《唐宫佳丽》获得中国艺术界名人作品展示会系列大展优赏奖；《长啸图》获得孺子牛杯全国书画大展铜奖：《郑成功收复台湾图》获世界华人艺术大展优秀作品奖：《地道战》获第八届全国“群英奖优秀作品奖，获得总后庆祝建军80周年美展艺术奖；《黄土地》获全国金彩奖牡丹杯三等奖；《处暑图》获得第二届世界华人艺术大奖“国际荣誉金奖”；《九九归一图》获庆祝建国五十周年全军美术展览优秀作品奖；《降龙图》获全国当代中国青年书画展优秀作品奖；《还有我的牛跟着我》获中国画三百家国画大展铜奖；《白发渔樵浊酒图》获2000中国“人民保险杯”黄酒节书画作品银奖；《西部畅想》获总后建党八十周年美展文艺奖。《大勇护苍生》获第十届全军美展铜奖；第七届全军文艺作品奖三等奖，第二届徐悲鸿美术奖铜奖，《老船》获全国书画院百佳书画家及优秀作品奖；《三下乡》获总后建国55周年美展艺术奖，获第六届全国工笔画大展学术奖；《最可爱的人》获庆祝建党85周年书画展特别奖；《五月桃花》获全军抗非典题材优秀作品奖；《消夏图》获世界文化遗产都江堰杯全国百名中国画精品展铜奖；《任重道远》获世界文化遗产青城白鹭洲杯中国画大展特殊贡献奖：《待发图》获全国艺术家作品博览会金奖；《金鸡报晓》获全国首届金鸡奖国画大展特别奖；《山丹丹开花红艳艳》获全国庆祝建军80周年美展铜奖；《草庐会友》获纪念航天事业创建50周年美展三等奖；《远山》、《地虎》、《车水马龙》入选第七、九届全国美展等。著有《中国民间剪纸艺术》、《剪纸技法》专著。《剪纸形拉帽》获国家新型外观设计专利。2005年10月12日《血战湘江》搭载神舟六号宇宙飞船遨游太空。 中央电视台曾播放《军中剪纸艺术家》、《军中画虎人》、《从民间走向现代》专题节目；很多作品被中南海、中国美术馆、军博等海内外美术机构收藏。曾在八一电影制片厂拍摄的电影《北纬三八线》中扮演朝鲜领袖金日成。

联系地址：北京市复兴路22号甲5号后政创作室　邮编：100842　电话：010—66886938（画室）　010—66880569（住宅）　手机：1350105352

三下鄉

傅继英 FuJiYing

傅继英（妙音　书画世家）：国家一级美术师。现任北京大源来祥堂画院院长、朱德研究院副院长，中央书画研究院副院长，《英雄》杂志社常务社长兼美术主编，中国国际精典书画院常务院长兼客座教授。　傅继英师从黄胄、张世简、李铎等。爱好文学、诗歌、体育、中国诗歌学会会员。代表作有《高瞻远瞩》（邓小平画像、题字、北京大学收藏）；《峥嵘岁月》（朱德画像、题字、朱德研究院收藏）；《咏梅》（中南海收藏）；《平安山东》、《笑傲江湖》等刊头题字；《北京一日》（电影片名题字）；《大明宫词》（大型电视剧特约绘画）；中国网通IC卡系列绘画和题字（全国发行）；《画说菜根谭》（《禅》、《道》、《儒》）绘画和题字。荣获第十八届联合国国际科学与和平周贡献奖，中国爱心大使、中国兴村扶民首席形象代言人、中国和谐艺术团特型演员。国家一级美术师、中国爱心大使、中国兴村扶民首席形象代言人、中国和谐艺术团特型演员宋庆龄扮演者—傅继英

中国书画家交易中心：http://fjy.sh1122.com/html/19113.htm；大众安全网www.dd110.com傅继英视频正在播放　电话:13094731658/画院电话:13366236916
邮箱：gf838600@163.com/fujiying999@126.com

任桂安 RenGuiAn

任桂安（妙智）国家一级美术师。国际美术家协会秘书长，比利时世界文化艺术交流中心文化艺术顾问，北京大学百年校庆艺术顾问，国际精典书画院课座教授、爱心大使。现任北京大源来祥堂画院董事局主席，《三人行》画刊艺术总监，《英雄》杂志副社长。任桂安主攻人物画，兼涉文学。代表作《高瞻远瞩》被北京大学收藏；《锦绣山河》被中南海收藏；《神怡》、《老北京风情》、《都市风情》系列绘画被中国网通IC卡采用。应邀为华润饭店、协和医院、湘鄂情、天龙源主创大型壁画及装饰画数百幅。中央电视台、北京电视台及国内多家媒体报道和转载。出版有《桂安画集》、《茶道》、《禅悟人生》等系列从书。

北京大源来祥堂画院网址/亲情字画网http://www.fu369.com（画院邮箱999@fu369.com）
任桂安·傅继英：国际书画交易中心www.xunmo.net/renguian；www.xunmo.net/fujiying 网络电话：13094731658
画院电话：13366236916

《亦凡亦仙》任桂安 傅继英合作

《童趣》任桂安 傅继英合作

李莉娜　LiLiNa

李莉娜，湖南人，毕业于湖南省湘南大学艺术系，高级美术教师，为广东省美术家协会会员。

2002年作品《正午阳光》获《广东省美术作品展览》铜奖。
2003年作品《节日盛装》获《广东省水彩画展览》银奖。
2004年作品《憧憬》获《深圳世博会首届水彩画展》金奖。
2005年作品《维族姑娘》获《和谐广东美术作品展览》铜奖。
2006年作品《我上学了》获《深圳世博会第二届水彩画展》银奖，并入选2006年《广东美协50年大展》。
2006年作品《雨露青稞》获《广东美协50年大展》银奖。
2007年作品《六月细雨》获《广东省美术作品展览》铜奖。
2007年9月作品《新学年》获《深圳市教师美展》金奖。
2007年10月作者及作品随深圳市文化代表团赴韩国交流展览。
2007年10月参加《华奇第二届中国名家水彩画专场拍卖会》，五幅作品竞拍成交。
2007年11月作品《青海湖畔》入选《广东省水彩画展》。
2007年12月作者及《雪莲花》、《往事》、《正午》三幅作品随深圳市“南国红树林”主题画展在北京中国美术馆展览。

邮箱：lln8808@sina.com

雪莲花　117 × 80cm

清海湖畔　　150 × 117cm

秋天的童谣　　117 × 80cm

汤晓峰　　TangXiaoFeng

汤晓峰，湖南长沙人，毕业于湖南师范大学艺术系美术专业。现为深圳市福田区美术教研员、中学高级美术教师、广东省美术家协会会员，深圳市美术家协会理事。2004年被聘为国家课改指定教材人美版、广东版义务教育美术教材培训组专家成员，07年被聘为教育部基础教育课程教材中心高中新课程美术培训核心组专家成员。

汤晓峰近年的油画作品追求具象、抒情和细腻的表现意境与风格。近年创作的《六月阳光》、《一丝凉风》、《昨日河滩》、《行走山涧》等人物、人体油画作品，笔调趋于明快、高调和装饰性，呈现出树影婆娑，阳光透洒、光映斑驳的独特的画面效果和意境。为广东省《文化参考报》和深圳《南国艺术》专版介绍。03年出版《汤晓峰美术作品集》，C6年出版画集《06阿汤小辑》。

电子邮箱:txf8808@sina.com

一丝凉风　　100 X 80cm

斜阳 100 X 80cm

六月阳光 100 X 80cm

张京城 ZhangJingCheng

张京城 字开石，号净禅居士。1962年出生，山东济南历城人。1983年毕业于泰山学院美术系，1992年结业于中央美术学院高研班。2002年至2004年在北京画院王明明工作室攻读高研创作班。

现为中国美术家协会会员，青岛油画院专职画家、国家一级美术师。作品题材多为佛道及林泉高士，风格高雅飘逸，禅机妙悟尽在画中。多幅作品被专业团体或收藏家收藏，部分作品被中国美协选送至西欧巡展，两次在中国美术馆举办画展。艺术传略先后被收入《东方之子》、《中华艺术名人录》、《世界人物辞海》、《中国人物画百家》等多部辞书。

出版有《当代著名画家技法解析·张京城写意人物》、《名家名画·张京城写意人物作品》等。

高逸论道图

儒雅风韵

张世林　ZhangShiLin

张世林　男，1946年生，童年居上海，1960年赴新疆后毕业于新疆师范大学艺术系，1986年研修于广州美术学院。曾任新疆克拉玛依市美协副主席，市政协委员。聘为新疆画院院外画家，中国石油画院一级美术师。

张世林在新疆生活工作40年，钟情于新疆少数民族人焦油风情画，并兼山水花鸟、走兽，属于一专多能型画家。作品参展第八届全国美展，首届世界华人展铜奖，中国西部大地情等中国画大展，并被美术馆、博物馆、全国政协及中外友人收藏。1996年应邀出访中亚五国，并在哈萨克斯坦国立美院举办个人美展。在国内举办个展八次之多。艺术传略收入《当代美术家》光盘及多部大型词典，出版有个人画集。

张世林2000年提前退休后，回到江南故乡，湖州定居，受到地方政府的欢迎与重视，尤其是他的西部风情画，在江南的土地上更加发扬光大，传为佳话。2006年被西冷印社（北京）聘为签约艺术家。中国书画研究院研究员，湖州民族画院副院长。

牧區風情

草原阿肯圖

吴华光　WuHuaGuang

吴华光 福州人，1946年生。毕业于福建师大美术系，现为中国美术家协会会员、国家一级美术师、福州画院特聘画师、福州政协书画院画师。擅长工笔人物画、山水画等。作品《茶》获美哉中华爱我中华全国美展一等奖，《又一次战胜死神》、《爱国情深》、《榕》等入选全国美展，《舞剑图》入选第三届中国体育美展，《虎门销烟》入选全国中国人物画展览，《榕荫太极图》入选第四届中国体育美展，《榕荫友谊赛》入选第七届全国少数民族体运会美展，《万水千山只等闲》获纪念抗日战争胜利60周年中华当代艺术家作品展三等奖。《悲鸿画马》在第二届全国书画院作品联展中获徐悲鸿美术奖，被评为“百佳书画家”。作品在台湾国际佛光山邀请展获金奖，还在“枫叶奖”、“牡丹杯”，纪念周恩来诞辰一百周年全国书画展、中国体育美术大展，中国青年国画家大展，中华全国书画精品展，全国职工美术作品评奖赛等国际和全国美展中获奖、并被收藏。出版有《吴华光画集》。

个人网址http://whg88.sh1122.com/　地址：福建省福州市鼓楼区大根路6号3座406室　邮编：350001　电话：0591—83525131、87532971

尚时爱美古由今

满江红（局部）

榕的子孙

宋达 SongDa

宋达，汉族，生于1960年2月，辽宁省抚顺市人，原籍山东省长岛县。美协会员，1978年作品开始流传于海外，现作品大多流传于欧洲、东南亚各国、及港澳台、北京、上海等 国内一些省市、画院、纪念馆、业界 同仁之中收藏。作品被一些主流媒体专业 报刊刊载 并刊印在上百部辞典、专辑画册之中……近年来流传于各大专业、拍卖网站。宋达被授予：“二十一世纪著名书画家”、“当代著名书画家”荣誉称号； 06年中国时代第四届有影响力新闻人物获得者07年 被授予中国百名创新英才 金像奖 （在人民大会堂接受国家领导人颁奖）。

中国书画家协会会员 、中国国际书画院理事 、中国国际书画艺术研究院终身画家 、中国书画研究院艺委员委员 、中国硬笔法协会会员 、中国书画艺术创作中心艺术顾问 、中国国学研究会研究员 、中国神舟书画院高级院士、高级画师、 中国乔木故里书画协会教授 、 北京成名翰墨书画院顾问、香港东方文化中心顾问、香港现代名人书画馆会员、中国国际书画艺术研究辽宁工作站主任 、 国际华人诗书画印研究院院长 、 中国人文书画院名誉院长等等。

电话:0413-7659898

中国当代书画名家年鉴 2007

Chinese present age calligraphy and painting famous expert yearbook

书法卷

Calligraphy volume

旭宇　XuYu

旭宇，号白阳，字京东，1941 年出生于京东燕山脚下之玉田。在这块历史上曾孕育了鲜于枢、曹雪芹、管桦、李瑛、陈大远、丛维熙及张爱玲等文擘巨子、文化才俊的土地，旭宇自幼便种上了酷爱书法和文学的种子。六十余年的人生磨砺，使其如今在两个领域都取得了累累硕果，成为享誉并影响诗坛、书坛的大家。先生现任中国书法家协会副主席、中国散文诗学会副主席职等职，一级作家。

刘小放说：旭宇是一位早醒的诗人。他的早醒不仅表现为人生的时间上，更表现在其往往领时代风气之先。早在六十年代其即开始勤奋的诗歌文学创作。七十年代即鹊起于诗坛。八十年代各项文艺复苏后，他旺盛的创作激情和高产的诗作及成功的文学诗歌编辑、诗歌笔会、朗诵

会等组织活动，成为影响当代诗歌发展的大家。他先后出版了《军垦新曲》、《春鼓》、《醒来的歌声》、《白阳吟草》、《会飞的黄鼠狼》等七部诗集。在诗歌体裁上，其新诗、长诗、古体诗及词均有力作问世。在内容上，其绝少个人的儿女情长，而多为反映时代、反映如火如荼的社会生活。读之每每能令人励志、激奋、壮怀。这既体现了其作为燕赵儿女固有的慷慨悲歌之情怀，也是传统文艺“文以载道”精神在其身上的继承和体现。从风格讲，他的诗无疑是大江东去之声，黄河滚滚之音，是作者的心声，也是时代的巨响。

在书法上，先生六岁习书，由颜体入手，上溯魏晋、秦汉、三代，下及宋元明清，三千年书法长河的漫游，最终使其归宗于魏晋北碑及二王流美之帖札。碑帖结合、诗书结合，成为其很长时间锤炼追寻的目标。魏骨晋韵成为其鲜明的书风特征。六十花甲后，随着笔墨技法语言的精熟，其书法更多地表现为超越诸体形式的情志、意趣、心灵的挥洒。先生尝评白蕉书云：“行草相间，深得山阴之笔意。造次颠沛淋漓，新意叠出，弛而不失书范。自清以降三百年，唯此君也”。此语评价先生亦正恰切。而以吾观之，旭先生之于白蕉，自可比肩，甚而有超迈之势。

早在90 年代先生率先提出“兰亭精神”，并成功使书法与企业联姻，举办全国书法大展、研讨会，使当代书法活动的开展充满勃勃活力。今年8月桂花飘香时节，先生在他组织的“楷书委员会第一次会议”上，掷地有声地提出了创造“今楷”，再创楷书辉煌的主张。在书界引起重大反响。这都表现了先生过人的睿智和其作为当代书坛领军人物对书法事业的历史责任心和使命感。和先生接触过的人，都说他身上始终洋溢着一种青春的气息，而他自己又把艺术创作看成是一种生命的愉悦。他说：“书法是春天的艺术，永远年轻与前行”。是春天的艺术造就了先生年轻的精神，也是其年轻的精神创造了其青春的书法艺术。

无疑是时代造就了新一代文人书家旭宇先生，而旭宇先生也为这个时代奉献了一个标杆，为当代书法提供了一个启示。在当代中国日益走向伟大复兴之时，其意义将愈来愈大，其形象也将愈来愈耀眼。

东坡尝评王维诗画云：“诗中有画，画中有诗”。而此评又成为中国文人画之标准，人们据此又尊王维为文人画之鼻祖。当代文坛泰斗臧克家评旭宇诗书云：“融诗为书，化书为诗”。此岂非“文人书法”之确评。而旭宇先生确为当代书坛在传统文化精神普遍失落的境况下，能够得继古风、富有影响的典型文人书家。

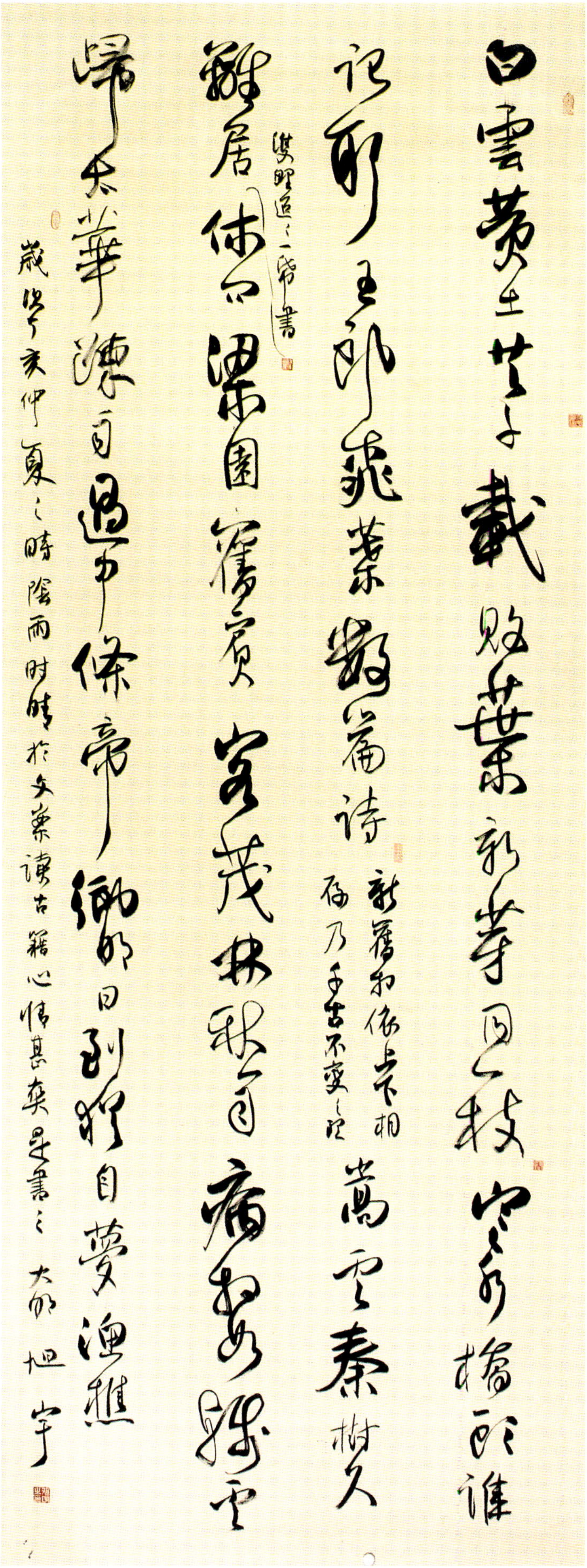

宋凤翔为“梦舟明星篮球队”题赠队名

第一排左起：笑林 张丰毅 宋凤翔（前排右二）申军谊

第二排左起：任成伟 李强 赵亮 孙凤武 王奎荣 黄志忠 孙松

第三排左起：张伟进 邓晓光 许云飞 沙景昌 陈道明 濮存昕 方子哥

宋凤翔　SongFengXiang

宋凤翔，笔名鉴其，号静心斋。山东诸城人，现居北京。自幼酷爱书法，中学时就为校报题写报头和栏花；在大学求学时，曾担任校书法社负责人，组织请名师授课和举办书法展览等活动；参加工作后，曾为数家报纸和杂志题写片头，为学校题写校名，为出版社题写书名等，　并参加了《中国书法篆刻鉴赏辞典》的编写工作。书法作品曾被《毛主席纪念堂》等国家重要单位和海内外知名人士收藏。曾受到《阳光卫视》、《南方卫视》和《中央教育电视台》邀请做书法专题栏目访谈。其书远追魏晋，中师唐宋，近学明清诸大家，博采约取，终成自家面貌。

当代书坛大师名家启功、董寿平、王遐举、刘炳森、杨仁恺、欧阳中石和王镛先生等为其题写了堂号“静心斋”。

网站：www.jingxinzhaishuhua.com

E-mail：songfengxiang@yahoo.cn

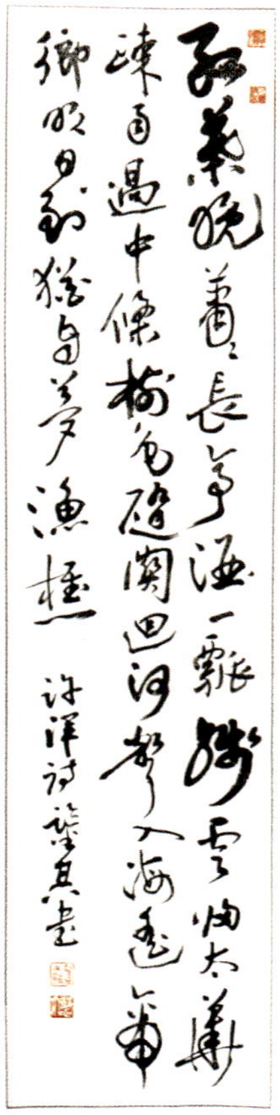

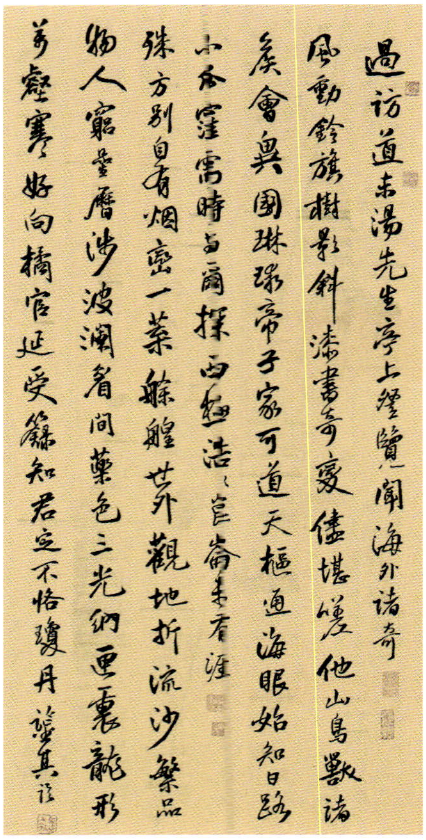

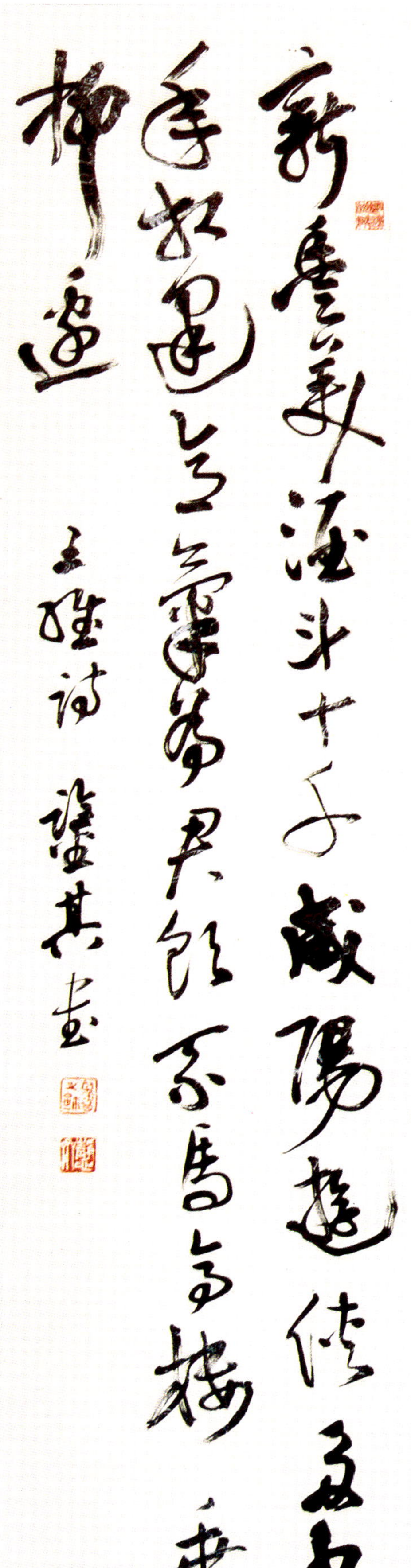

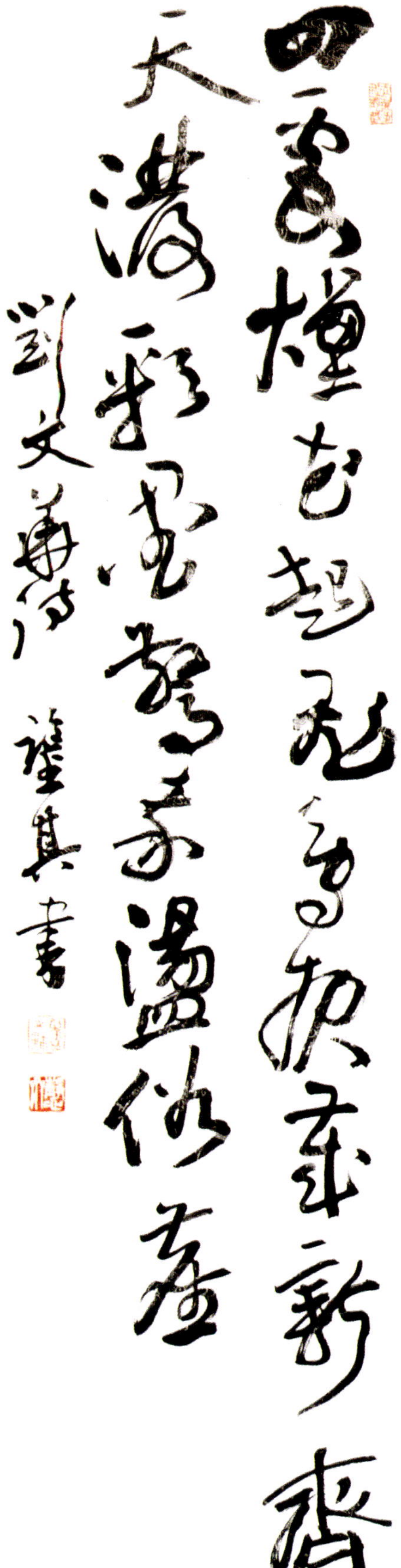

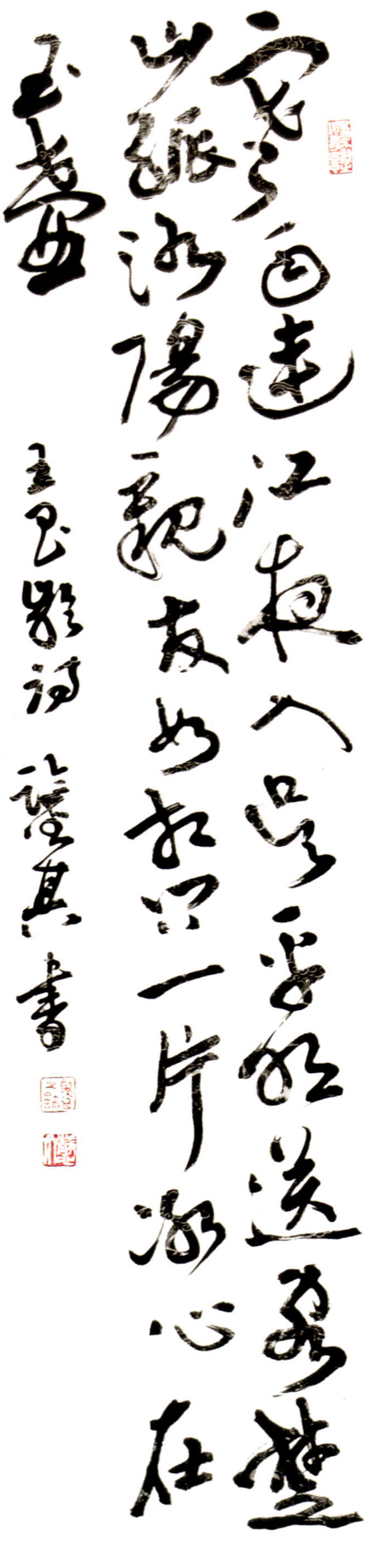
寒雨連江夜入吳平明送客楚山孤洛陽親友如相問一片冰心在玉壺
王昌齡詩

綠樹陰濃夏日長樓臺倒影入池塘水精簾動微風起滿架薔薇一院香
高駢詩

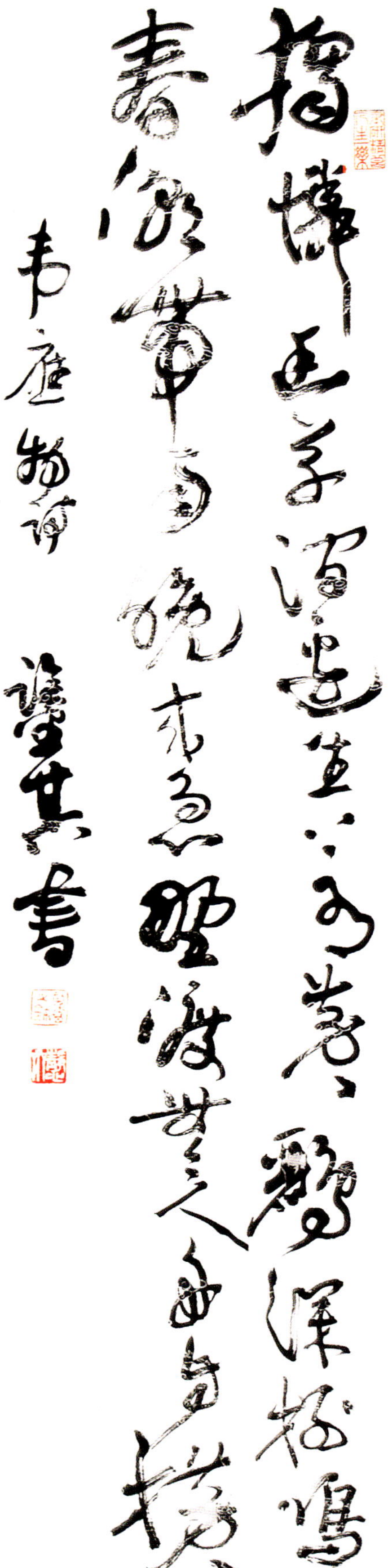
独怜幽草涧边生上有黄鹂深树鸣
春潮带雨晚来急野渡无人舟自横
韦应物诗
谦其书

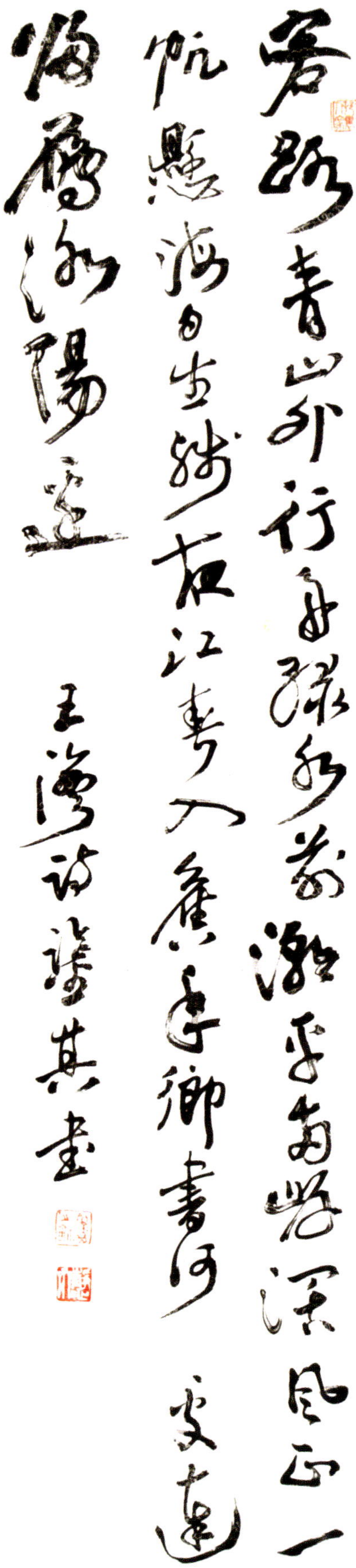
客路青山外行舟绿水前潮平两岸阔风正一
帆悬海日生残夜江春入旧年乡书何处达
归雁洛阳边
王湾诗 谦其书

赵望进　ZhaoWangJin

赵望进　笔名素石，一九四〇年出生于山西省临猗县，一九六四年毕业于山西大学中文系。曾先后在山西省教育厅、太原日报社、中共太原市委宣传部、山西省文联工作，历任太原日报文艺部主任、中共太原市委宣传部副部长、太原市书法家协会主席、太原市政协常委、山西省文联常务副主席、党组副书记、山西省书协主席、《火花》文艺主编、山西省政协委员暨文史委员会副主任、山西政协书画工作室常务副主任。系中国书协理事，中国楹联学会会员，中华诗词学会会员。现为中国书协书法培训中心教授，山西省书协名誉主席、艺术指导委员会主任，关公书画院院长。享受国务院特殊津贴。其书法创作擅诸体，以隶、草见长。草书率意恣纵，隶书掺以篆籀笔法与结体，以行书笔意运之，含蓄多变，自成风格。作品曾多次参加国内外重大展览。自1988年以来先后在太原、北京、南京、上海、厦门等地举办个人书法展。作品被许多博物馆收藏，在风景名胜处勒石。出版有《赵望进书新编五体五联》、《赵望进书法艺术》、《赵望进隶书蒙学千字铭》、《赵望进篆书长恨歌》、《赵望进草书千字文》，主编有《山西书法精品选》、《山西篆刻选》、《山西书法论文选》、《山西少儿书画优秀作品选》、《山西老年书画集》、《中国中部六省老年书画作品选》等。

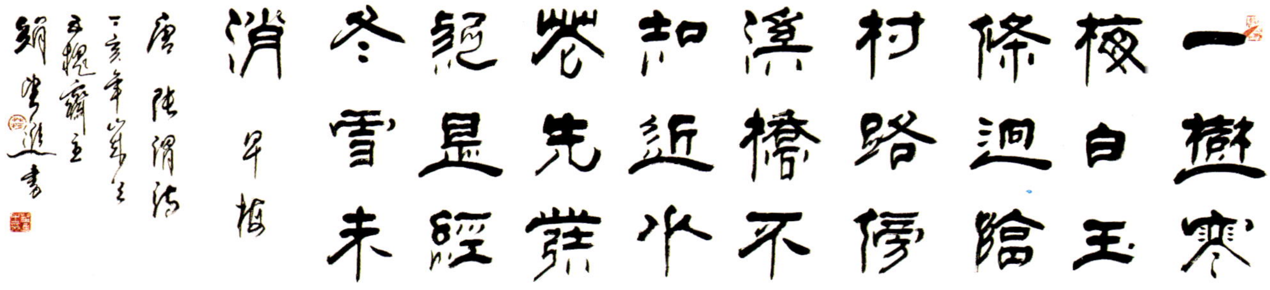

隶书　唐·张谓诗　《早梅》

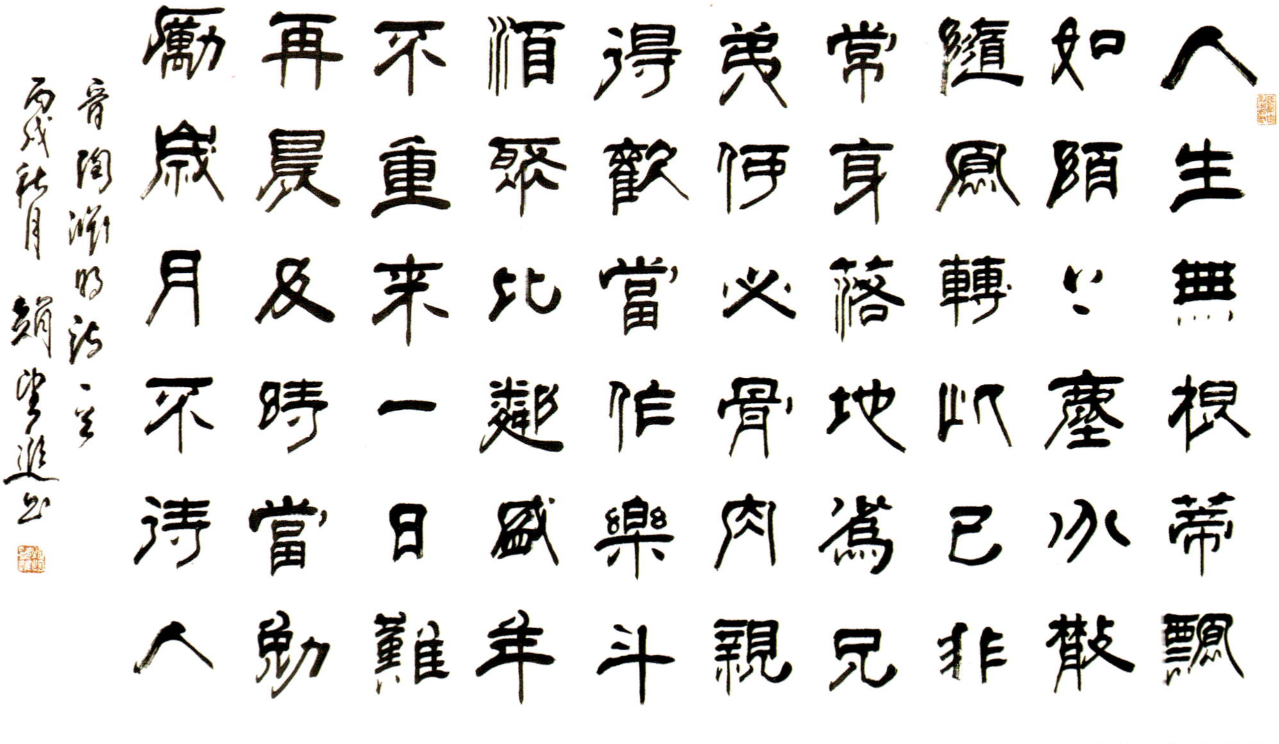

隶书　晋·陶渊明诗

篆书扇面　　唐·王昌龄诗句

篆书　　和

王康 WangKang

王康　号沙鸣，1941年生，大学毕业，江苏南通人，空军研究所原所长、高级工程师、科技文职将军。现为中国楹联学会书法艺术委员会委员，国家人事部中国人才研究会艺术家学部委员，国际书画艺术家资格认证中心专家委员会委员，中外特种工艺美术家协会一级书法师，兰州市红柳书画研究会会长，国际中国书法家协会名誉主席和多家书画研究院名誉院长。作品在国内外和军内的书法比赛与大展上多次获奖，并被收藏或勒石。作品和传略入编《世界传世名画书法鉴赏》《一代名家》等数十刊全国性书法精品汇编，并被授予“中国当代书画名家”“杰出中国艺术家”等称号。

地址：北京市南苑9236信箱　　邮编：100076
电话：（010）67992815　13691303369

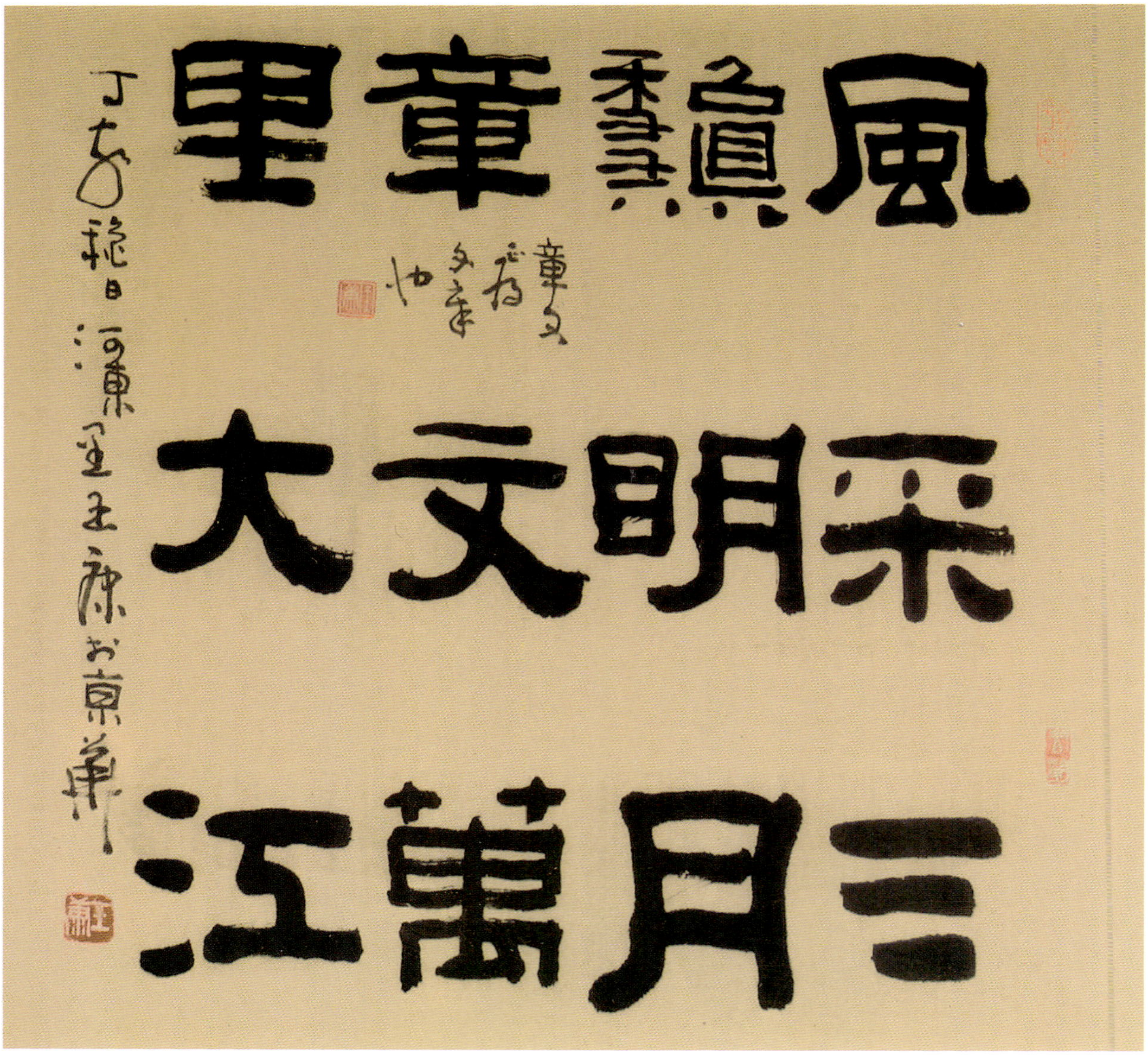

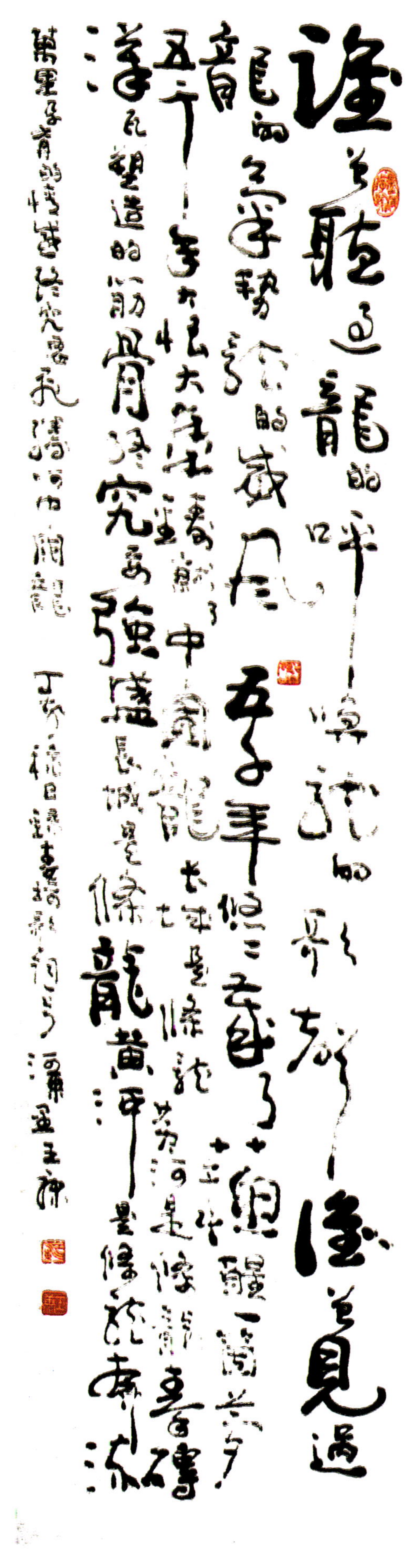

北国风光千里冰封万里雪飘望长城内外惟余莽莽大河上下顿失滔滔山舞银蛇原驰蜡象欲与天公试比高须晴日看红装素裹分外妖娆江山如此多娇引无数英雄竞折腰惜秦皇汉武略输文采唐宗宋祖稍逊风骚一代天骄成吉思汗只识弯弓射大雕俱往矣数风流人物还看今朝
录毛泽东词沁园春

书坛怪才 ——— 班森

班森 BanSen

班森，1949年11月生，汉族，南宁市人，东汉名将班超第89代后裔，佛学师从南京灵谷寺真慈大师（已圆寂），法号净良，书斋称惠和阁。自幼喜爱书画、篆刻艺术，书法先学篆隶，后楷、行、草。1966年曾考取广州美院附中，后因文革未能成学，文革开始研究毛泽东书体（毛体），临池笔耕已有40个春秋。班森书法风格比较传统，坚持临贴、读贴的日课修持几十年如一日，广临古代名家大作，打下坚实用笔、运笔、结构、布局的书法基础。深得南京灵谷寺真慈大师的佛门点跋，书法创作中悟出动中取静、静中取动、天人合一、书意一体的书道禅机，其篆、隶较清净，笔画寓藏生机；其行书俊朗、飘逸、得体大方，一笔一画均有古人遗风；其草书较潇洒狂放，特别是毛泽东书体， 继承毛体跌宕起伏，挥洒从容、不温不躁的独特书风。素有“书法怪才”和“书坛隐士”之称。南宁青秀山观音禅寺新大雄宝殿刻录其隶书经文。2007年曾被世界杰出华人协会评为世界杰出华人。

近年作品获得：“首届画圣吴道子美术馆当代中国书画名家大赛”银奖，“首届扬州八怪杯”全国大展赛二等奖，“炎黄杯”乡情、友情、亲情国际书画邀请展赛金奖。多幅作品入选“中国当代书画名家名作典藏”和“今日中国书法”。班森一幅“木兰词”的毛体书法在参加中国韶山网纪念毛泽东110周年诞辰活动中引起轰动，被中国韶山网誉为“广西著名的毛体书法家”，2005年，班森毛体书法曾在北京人民大会堂举办的纪念毛泽东诞辰112周年纪念活动中展出。两幅毛体作品参加2006年10月在北京中国人民革命军事博物馆举办的纪念中国共产党成立85周年及红军长征胜利70周年书画展。中国收藏、艺术与收藏、中国画报——走近当代大师、艺术中国、世界知识画报、南宁晚报、广西画报曾多次刊登班森毛体书法，南宁电视台新闻夜班曾为此作专题采访报导。

班森，现为南宁市书法家协会会员、南宁红荔书画院理事、广西科技书画院院士、桂林炎黄书画艺术研究院院士，江苏省江都市书画院高级书法师。现任南宁市工程咨询规划事务所总工程师。

通信地址：广西南宁市鲤湾路8—2号（市发改委宿舍） 电话：（0771）2560489（办） 13152687663 传真：（0771）5845480

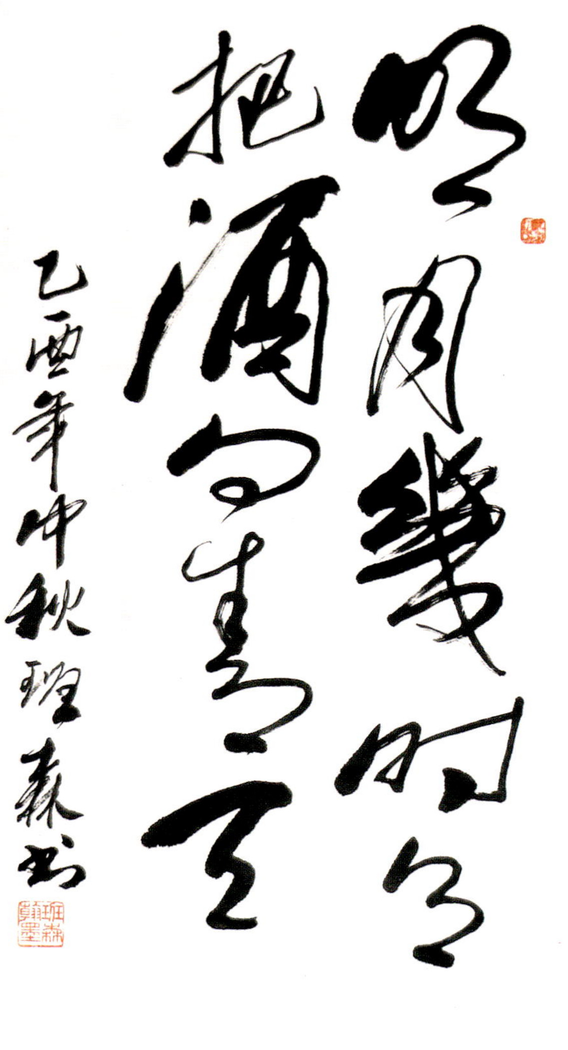

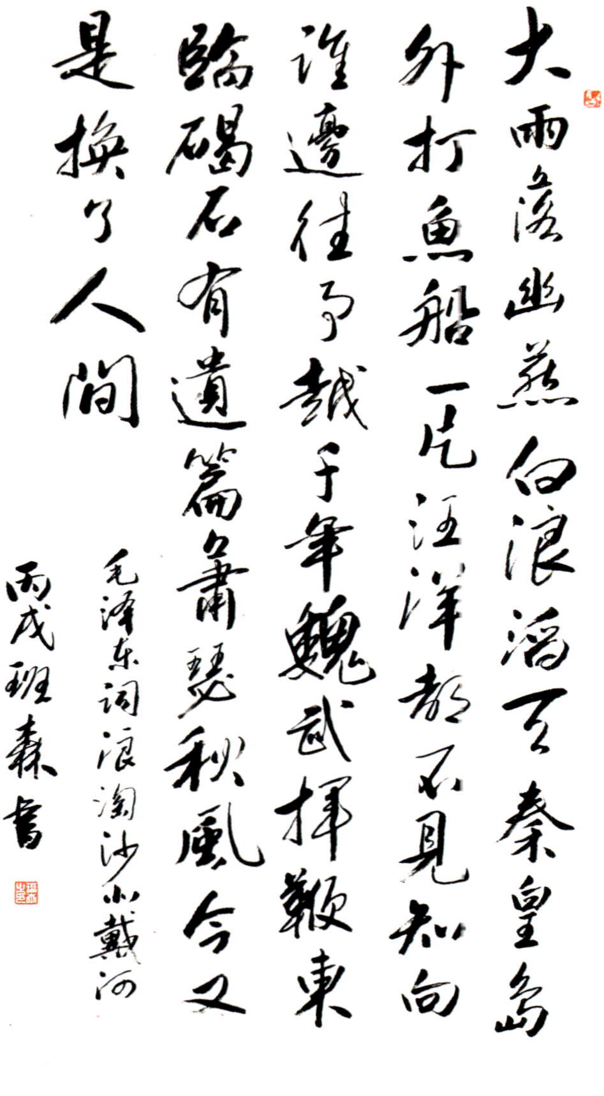

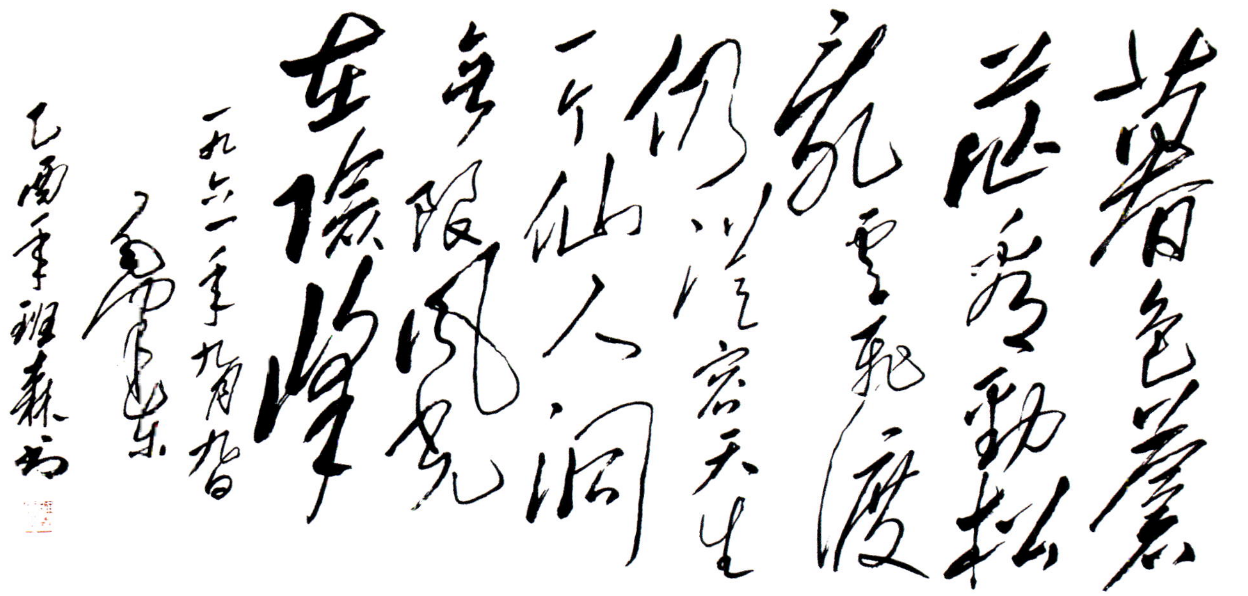
暮色蒼茫看勁松亂雲飛渡仍從容天生一個仙人洞無限風光在險峰
一九六一年九月 毛泽东
乙酉年翔森書

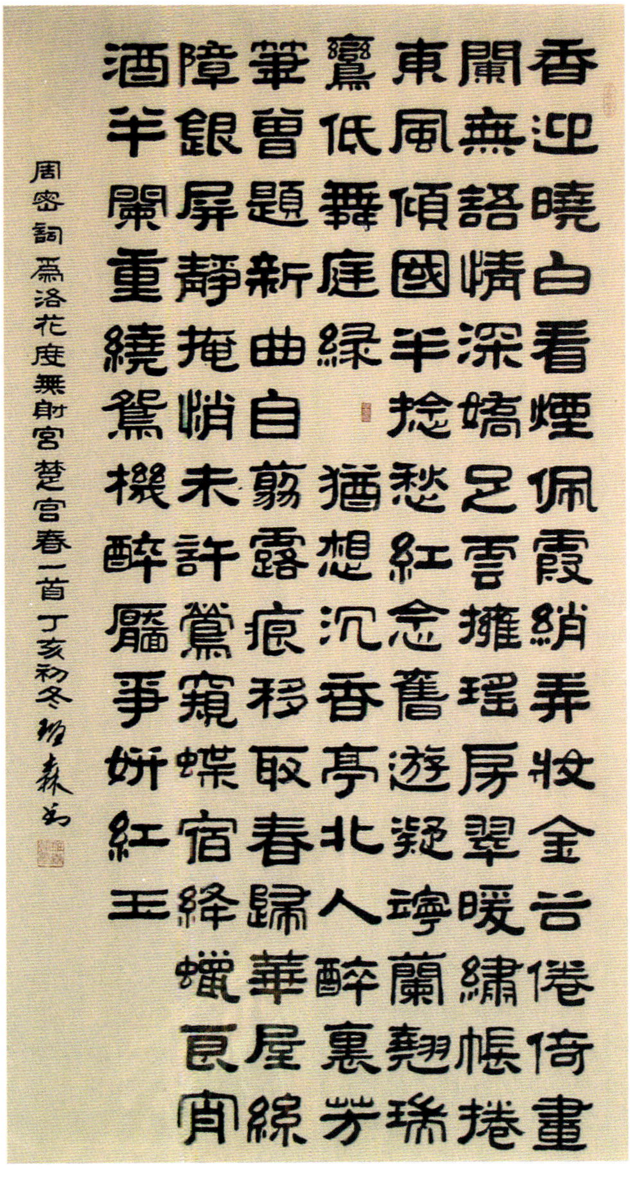
香迎曉白看煙佩霞綃弄妝金台倦倚畫
闌無語情深嬌足雲擁瑤房翠暖繡帳捲
東風傾國半捻愁紅念舊遊凝竚蘭翹璘
鸞低舞庭綠猶想沉香亭北人醉裏芳
箋曾題新曲自翦露痕移取春歸華屋線
障銀屏靜掩悄未許鶯窺蝶宿絳蠟亘宵
酒半闌重繞鴛機醉靨爭妍紅玉
周密詞為洛花度無射宮楚宮春一首 丁亥初冬翔森書

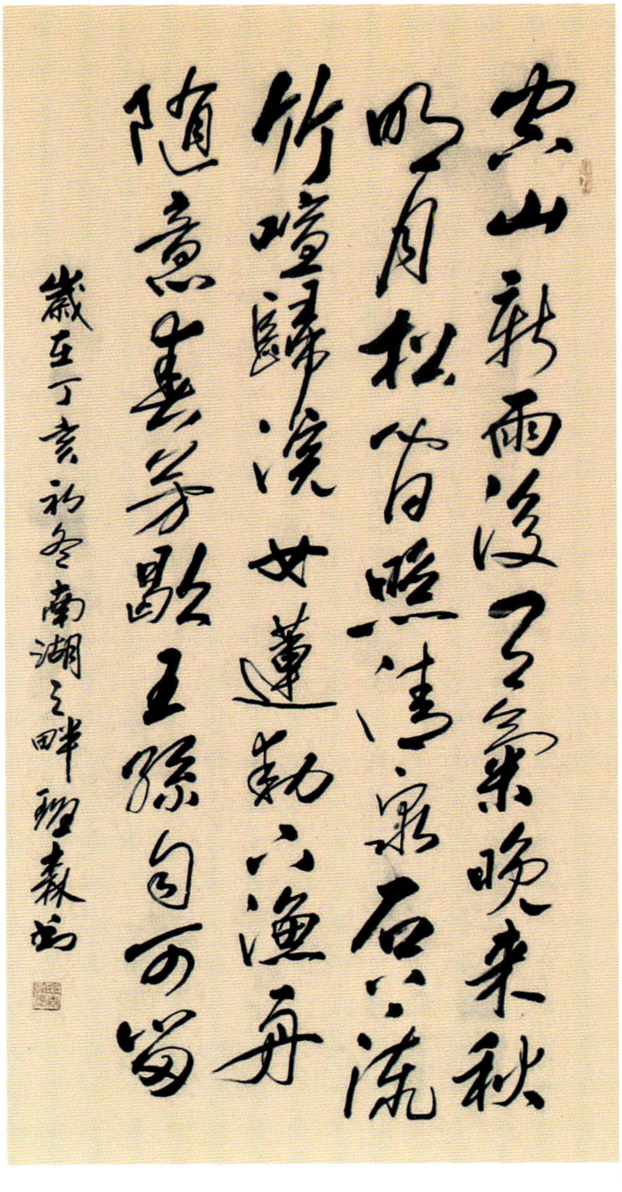
空山新雨後天氣晚來秋
明月松間照清泉石上流
竹喧歸浣女蓮動下漁舟
隨意春芳歇王孫自可留
歲在丁亥初冬南湖之畔翔森書

中国著名书法家

钱水卿（国家一级书法师） QianShuiQing

钱水卿，笔名泉清，号墨乐斋主人。1945年12月生，河南省新密市人，大学本科毕业。自幼喜爱书画艺术，因家境贫寒，就用木棍当笔，以地为纸，练习书画。十多岁即为乡亲书写春联。五十多年来，坚持临池不辍，对二王、颜、柳、欧、赵等碑帖临摹研究，先后拜当代著名书法家启功、刘炳森、田英章等先生为师，楷、行、隶、篆、草五体皆能；兼容各家之长、自成风格。现为中国炎黄书画艺术研究会会长、北京东方欣正书画院院长、中国传统文化研究会书法专业委员会主任、北京艺海百川书画院副院长、中央电视台“东方之子”专访名人。

近二十多年来，作品在参加国内外书画大展中荣获金、银、铜奖30余次；先后在宜昌、武昌、上海、北京、郑州、广州、西安、烟台、香港、澳门、美国、加拿大、新加坡、日本、韩国等二十多地展出，受到普遍赞誉，1998年中央电视台“东方之子”栏目做了专题采访报道；2005年被中华新闻报等新闻媒体评为“文艺界2005年度十大新闻人物”，是享誉书坛的传统实力派书画家。作品被国家领导人、省部领导及企业家、收藏家和社会各界人士收藏。艺术生涯和书画作品入编《中国硬笔书法史》、《世界华人书画作品选集》、《国际硬笔书法家大辞典》、《当代书画名家精典》、《世界名人录》、《中国书画家博览》、《国粹奖艺术大典作品集》、《2007书画收藏指南》、《中国书画藏典》等专业书籍中。

地址：北京市海淀区厂洼中路一号欣正大厦527室　邮政编码：100089

网址:www.ccaep.cn　zgshzx.com　传真：010-6892 9668

电话：010-6892 8959　手机：13261385679

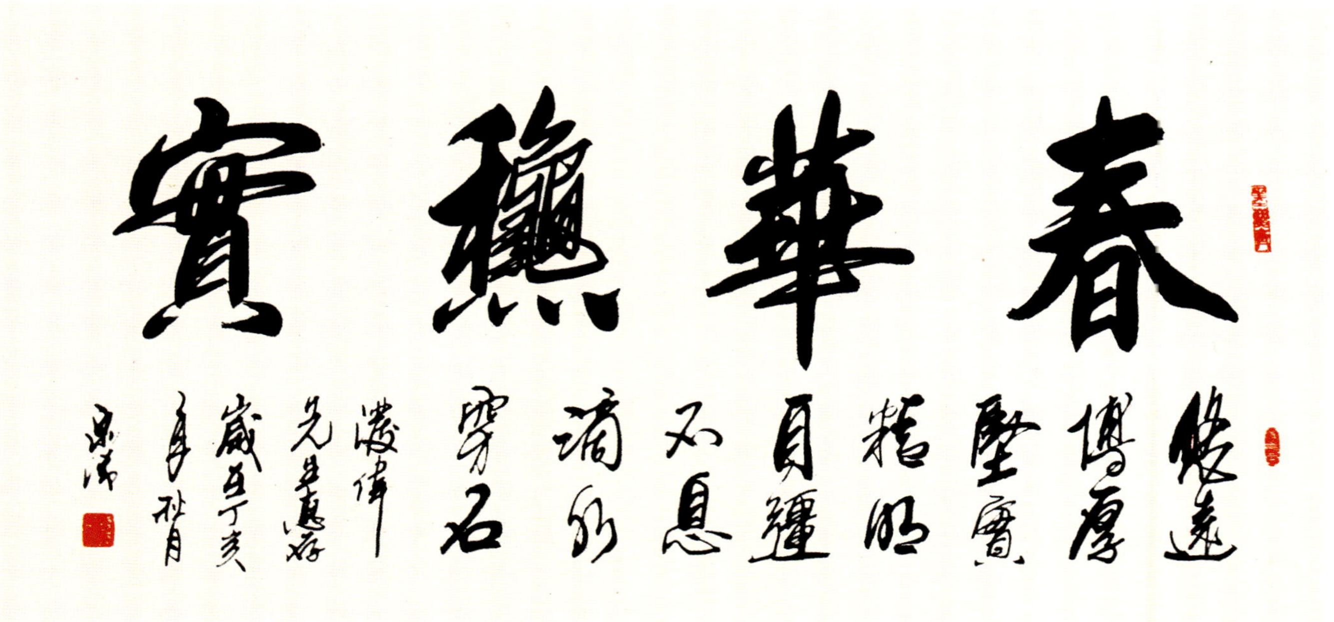

春华秋实　136×68(公分)

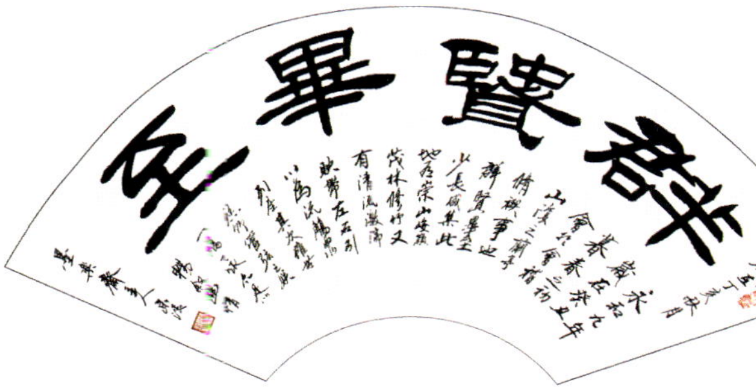

扇石　　　　　　100×50（公分）

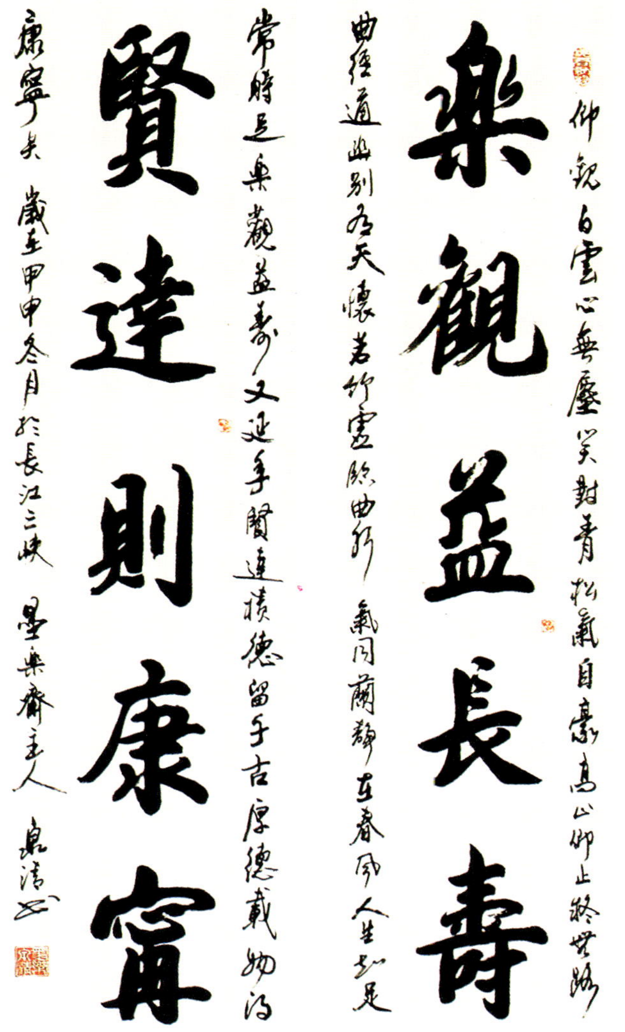

对联　　　　180×48×2（公分）

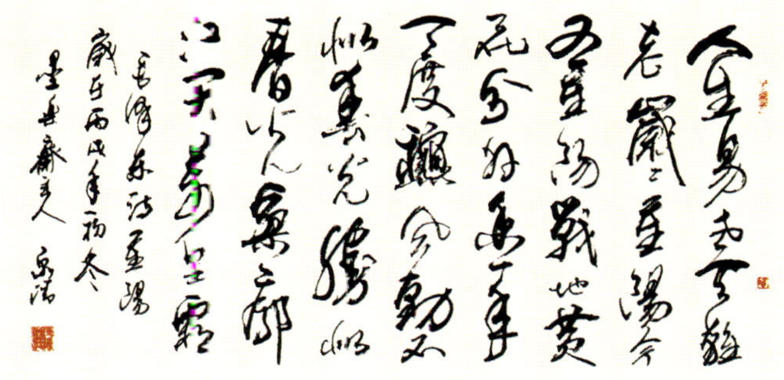

毛泽东诗　重阳　　136×68（公分）

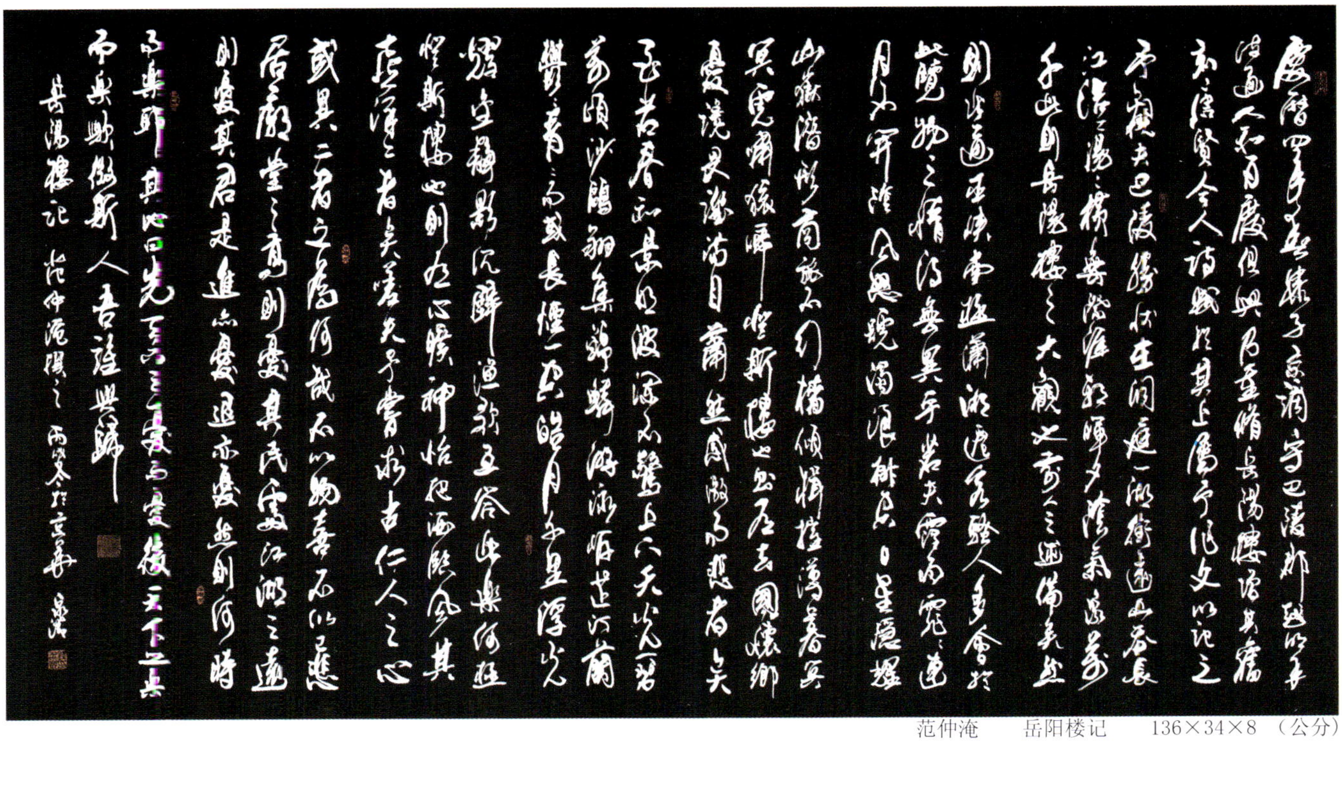

范仲淹　　岳阳楼记　　136×34×8（公分）

杨合正　YangHeZheng

杨合正(名卫锋，号大石)家住西安碑林区，祖籍陕西韩城市，自小酷爱书法、奇石。受教于西北大学艺术系。现为中国书画艺术研究院理事、中华环保文化网艺术总监、创建中华环保艺术长廊总负责、陕西汉阳书画院副院长、陕西省书法家协会会员、陕西炎黄书画研究院常务理事、西安观赏石协会理事、陕西收藏家协会会员等。

他热爱自然、喜爱并感悟龙的精神，用行动、书画、诠释表现“龙”的精神，其独创的“东方奔龙”（获国家版权）及许多作品获奖并发表于多家报刊、书籍被美、日、韩、马来西亚、香港、台湾等国家和地区名人及博物馆收藏。在北京有相知者赞其为：用行动、书画、表现龙精神的第一人。中央及西安电视台、《华商》杂志、《华商报》、《西安晚报》、《三秦都市报》、《阳光报》、《美报》等多家媒体对其做了报道。其事迹入编大型纪实丛书《陕西百业领导英才》，入编多部《名家书画集》入选《世界名人录》。又于近日在全国书画精品展中喜获金奖及在第二届华商领袖年会书画精品展获一等奖，并入选2008年北京奥林匹克文化节书画精品展，荣获共和国杰出艺术家，被评为2007年中国艺术年度人物。

通连：西安市钟楼邮局95号信箱　　邮编：710003

http://www.zhhbwh.cn(中华环保文化网）

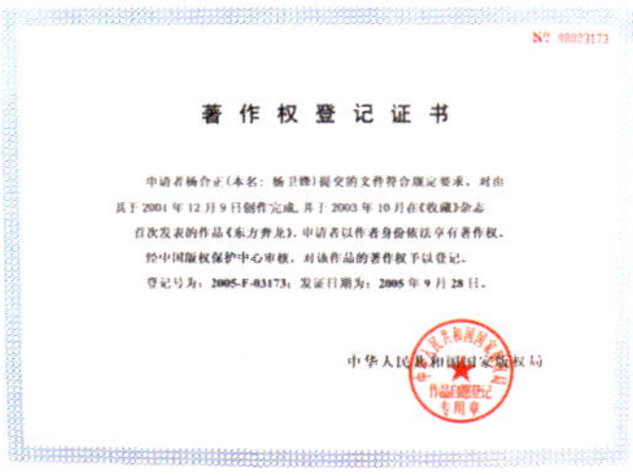

№ 00023173

著作权登记证书

申请者杨合正（本名：杨卫锋）提交的文件符合规定要求，对由其于2004年12月9日创作完成，并于2003年10月在《收藏》杂志首次发表的作品《东方奔龙》，申请者以作者身份依法享有著作权。经中国版权保护中心审核，对该作品的著作权予以登记。

登记号为：2005-F-03173；发证日期为：2005年9月28日。

中华人民共和国国家版权局

国家版权登记证号：2005-F-03173

国家版权登记证号：2005-F-03173

沁园春•地球

杨合正

天宇风光，
千海冰封，
万山雨飘，
望环宇内外，
苍苍茫茫，
大洋上下，
卷起波涛，
东方奔龙，
大江吐涎，
和谐自然更为高。
上太空，
看蓝绿环绕，
分外妖娆。
地球如此多娇，
使无数伟人竞折腰。
惜亚历山大，
能征贯战，
凯撒大帝，
稍逊风骚，
毛公泽东，
百代于骄，
民主共和最是高。
俱往矣，
保地球护环境，
就在今朝。

2006年元月25日午夜1 ：2时　杨合正　作于西安含光门

石旭　　ShiXu

金采石风　　明心见性

——————石旭书艺观瞻

书家笔墨，其天机总是泄露在线条的形质及其所创构的空间形式上。书法结体中所吞吐的气韵，极易冲动人的感知区域。玄化之中所形成的意象觉肇端一经与审美者的神悟相通，便会攸然解析出作者迹化于墨象中的风骨、情致与心性。

循迹而通感，澄怀以味象，是寻求艺术家本真世界的终南捷径。目取石旭的书艺作品，其阳刚之气大化流行，盈溢于表；纵横捭阖的框架似华壁直立，多见锲刻迹象。心觉其意念，在筋骨立形上，纵逸而迟滞的笔法中，虚实相生，轻重有度，方圆兼济，以方见性，不仅着眼于整体美的营造，而且专致于局部节奏感与力度的表达，因而其书体多见出金石风采。思辨于气韵神态的背景层次，不难看出，石旭及其书艺作品弥逸着超然的禅宗意味。其“自性是佛，不劳外求”的特点在放旷随缘白生活习惯与对传统文化吸收的“无为而无不为”作法上明显可体察出来。囿于自我的心性与所处的特殊文化氛围，石旭早年起，便对端肃险劲，英风豪气，风流倜傥，一领风骚的书法作品情有独钟。贞人甲骨，汉简石刻，羲之墨迹，唐宋楷书，明清行草等，均在涉猎的范畴。临池逸志，心手双畅，因而每每伏案，便多有收获。所与一般人不同的是，对于碑帖临习和传统书法文化的吸收，石旭轻形类，重神似；轻藻饰，重肌理；轻程规，重意趣；轻拙巧，重个性，因而他能在不断继承创新的过程中，对自己所需攻其一点，不计其余；兼收并蓄，优化整合，专一致之于“功力型”书体

的研究与创造上。

从美学的角度看，石旭的书法，实际上是一幅幅“心画”。其感情性的线条所成形体，如同抽象的图式，确具有传神的功效。虽说是生活与艺术实践的淬火还没有使他的作品进入大家堂奥，但其体格间所泛现的汉魏气韵，宋明意趣以及碑刻风采还是显而易见的。有所为，便有所不为，这也是石旭能专注于功力维造，寄寓金石笔法，以使书法境界日臻完美的一个很重要因素。他托身玄运，敛念节欲，神舍固守，功力自然不菲；身为生民公仆，“不以物喜，不以己悲”，唯积善是己任，加之生活节俭，秉性勤勉，因而便有了充裕的精神与时间源泉。与“有志者，事竟成”相比，石旭的艺术实践雄辩证明，“苦心人，天不负”有其更加深厚而牢固的底蕴。

从技巧的角度看，石旭的书法线条勾勒上多有篆刻用刀的迹象。其立马横刀的造型，猛厉刚劲的刷扫，封泥剥蚀的残缺，转折处的推削纠拿，无不体现出“书从印入”的赫然特色，勃勃的内充之力，使人对中国书艺的“骨法用笔”有了实质性的解悟。“一点苍苔识人生”。石旭践行于“功力型”书体的苦心、苦修、苦行于此可昭然而见。石旭凝传统之精华，摄世纪元雨露，创造了自己富于特质的线条，创构了自己书法的特有空间形式，其中所蕴含的新思锥与印记的生命轨迹，会给人们以直觉与体悟。当代，社会的转型与价值观念的变化，导致人们热衷寻求自我体现。从这个层次上看，石旭的努力实践是有其现实意义的。

“每一所知，都必然带着自己的地平线”；每一所行，都必然有自己的积极效应；但这些都是无终极，无止境的……

惟愿书家不懈努力。

惟愿人们都能青睐。

王西京/文

收藏电话：13641364249

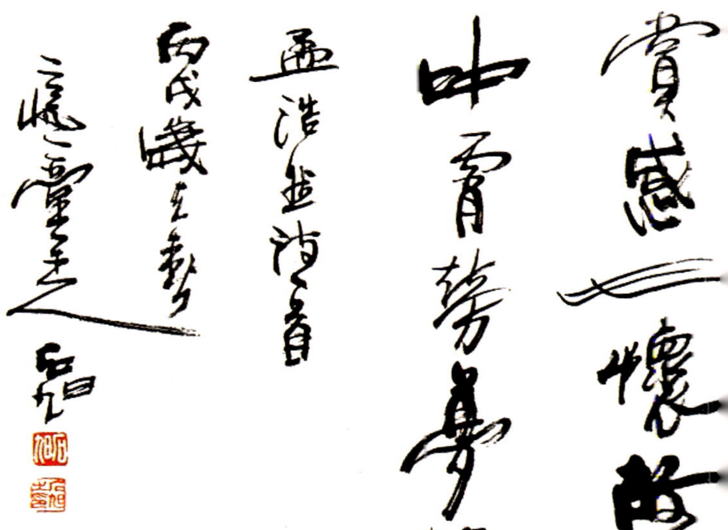

感此懷故人
中宵勞夢想
孟浩然詩句

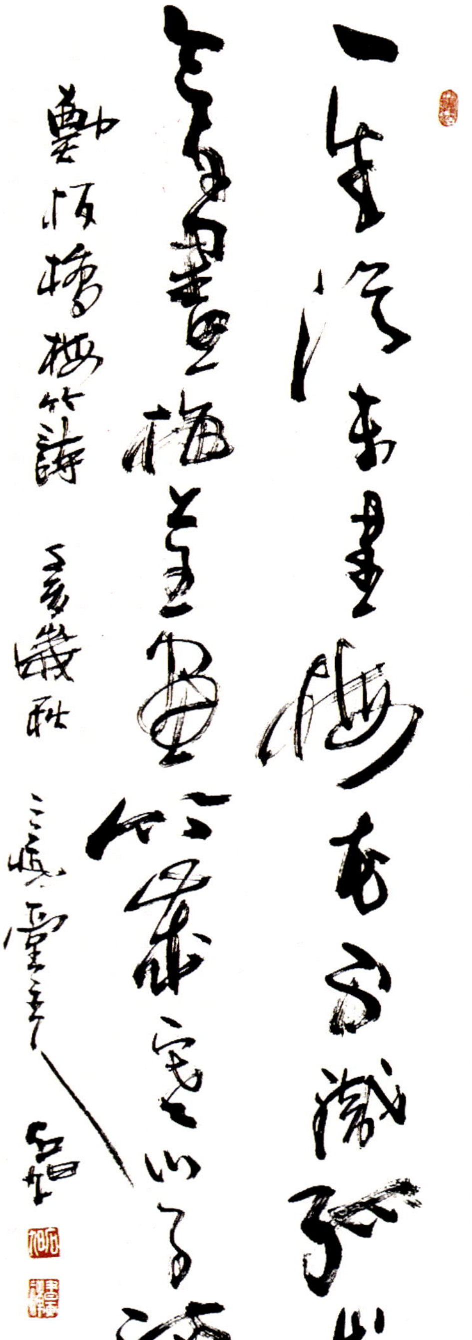

一生從未畫梅花
不識孤山處士家
今日畫梅兼畫竹
鄭板橋梅竹詩

山光忽西落
池月漸東上散髮
乘夕涼開軒
卧閒敞荷風
送香氣竹露滴
清響欲取鳴琴
彈恨無知音

霜落黃金蕊雖枯不落叢
隱然秀猶得壽潛歸

宋楊萬里菊詩
丁亥歲秋
三隱堂主人

菊花半含盆是年藏不求
發泄不畏凋殘

板橋句之洁之意
丁亥歲秋
三隱堂主人

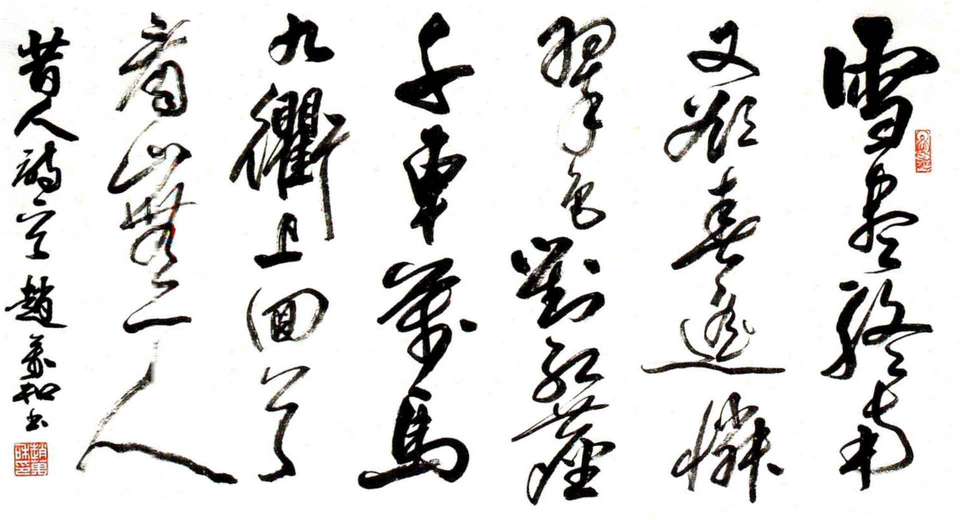

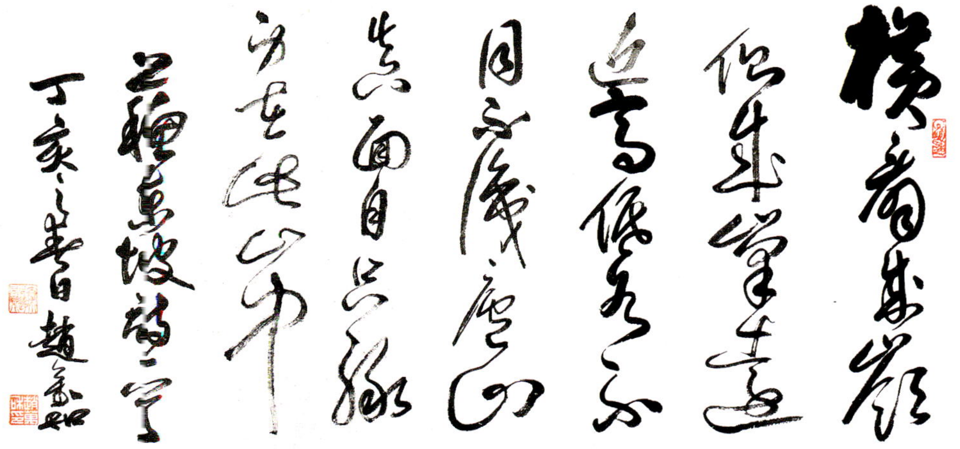

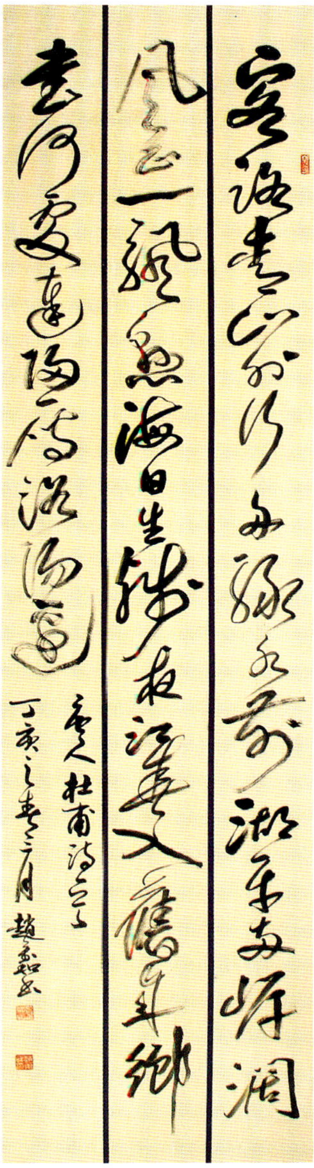

赵万和　　ZhaoWanHe

赵万和，字谦知，1959年出生于江苏高邮，先后毕业于南京建工学院、同济大学。书法师从陈从周、陈大羽、周志高。曾任南京建工学院校报美编，同济大学书法协会会长。系江苏省扬州市人大代表、高邮市人大常委会委员、市文联委员、有突出贡献的中青年专家。现为中国书画家协会理事、江苏省徐悲鸿研究会理事、江苏省书法家协会资深会员、扬州市书法家协会理事、扬州人大书画会高邮分会会长、高邮市书法家协会副主席、《书法导报》特聘书法家。出版有《赵万和书法》《赵万和-高邮旅游书法集》。有多幅作品被博物馆，纪念馆及园林名胜永久珍藏或刻碑。

书法作品润格，每平方尺1000元，招牌匾额每字1000元。

工作单位：江苏省高邮市人大常委会

通讯地址：江苏省高邮市南海14巷8－1号　　邮编：225600

手　　机：13064998690

书法网站：www.gaoyou.com/zwh

电子信箱：zhaowanhe@sohu.com

柳志光　LiuZhiGuang

柳志光（1926年7月），山东省栖霞市人。1944年参加革命，在部队曾任过文化干事、书记官等，转业后曾担任文工队指导员、烟台地委宣传部科长，招远县委副书记。1985年当选为烟台市书法家协会主席，1987年当选为山东省书法家协会副主席。现为中国书法家协会会员、山东省书法家协会顾问、山东画院高级书画师、烟台市书法家协会名誉主席、烟台画院名誉院长、鲁东大学和烟台职业学院兼职教授。获中国书协“德艺双馨会员”、“山东省从艺五十年以上老艺术家”、“烟台市繁荣艺术贡献奖”、“烟台市十大文化名人”等荣誉称号。擅行草，作品入展中国书法家协会理事特邀展和中日自咏诗书法展，曾赴新加坡、韩国举办书法展，在中国美术馆和日本参加过展览，并在日本获特别奖。作品辑入《当代中国书法作品集》、《中南海珍藏书法集》、《中国书画名家大师画典》等。出版有《柳志光书法集》、《柳志光楹联书法集》、《柳志光　魏笙筠伉丽书画作品选集》、《柳志光　魏笙筠伉丽书画藏品集》。主编出版《烟台市书法篆刻作品集》、《烟台市书法家协会会员作品选》。

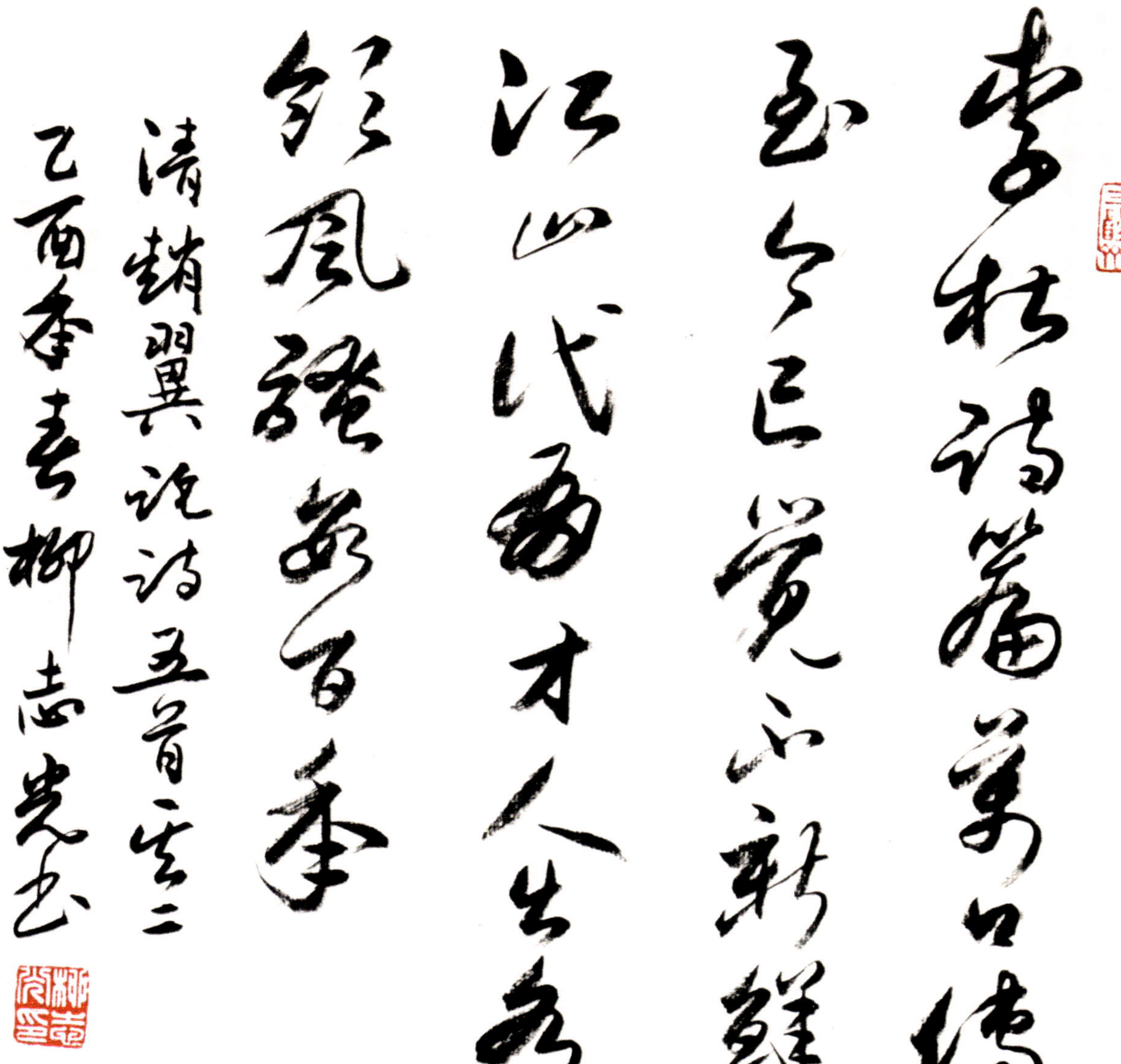

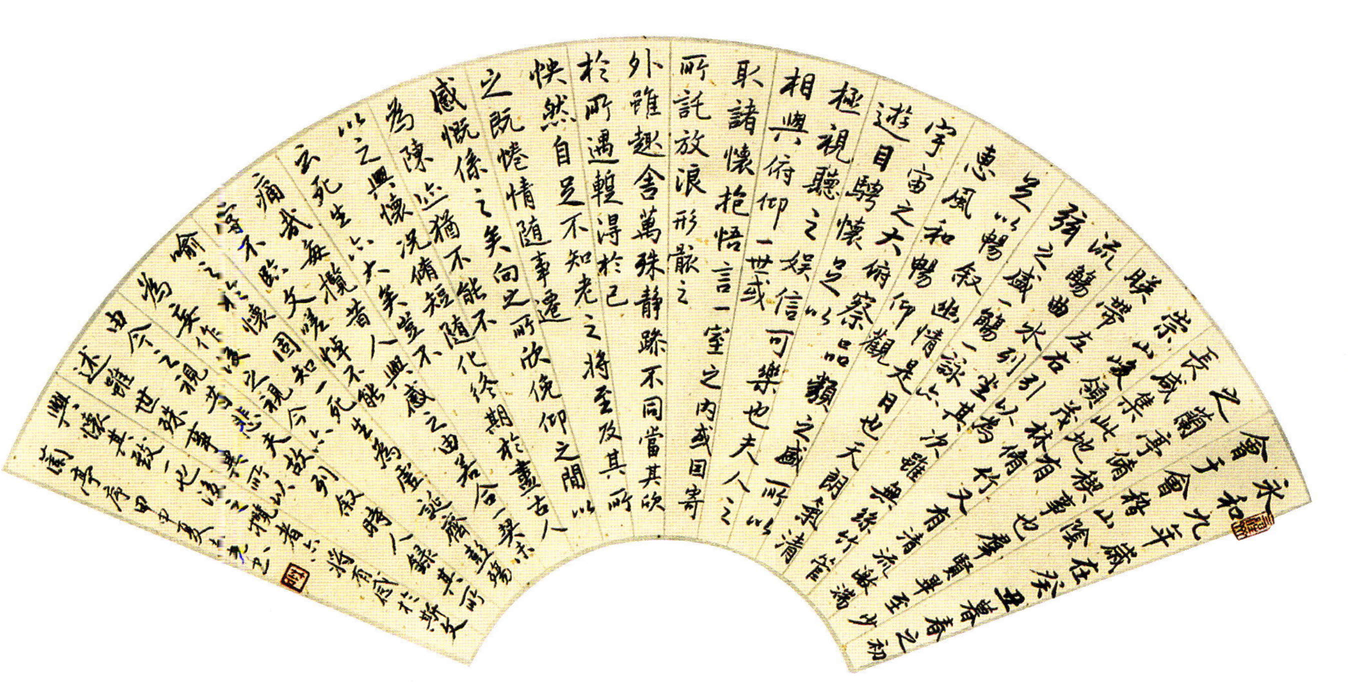

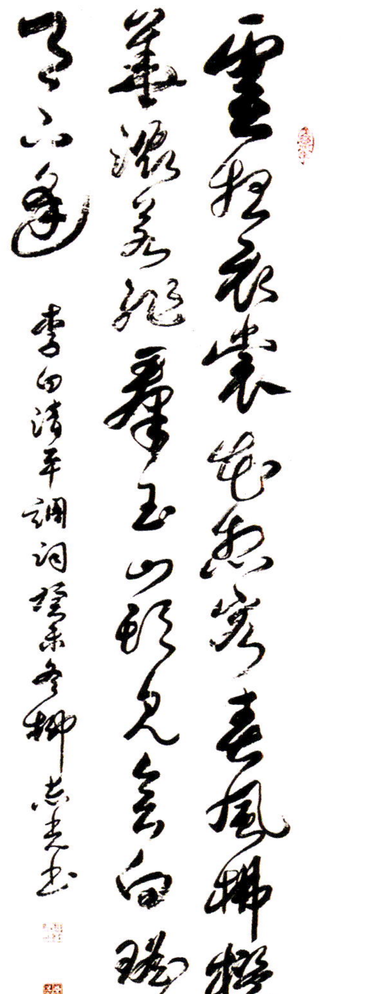
雲想衣裳花想容春風拂檻露華濃若非群玉山頭見會向瑤臺月下逢
李白清平調詞 柳志光書

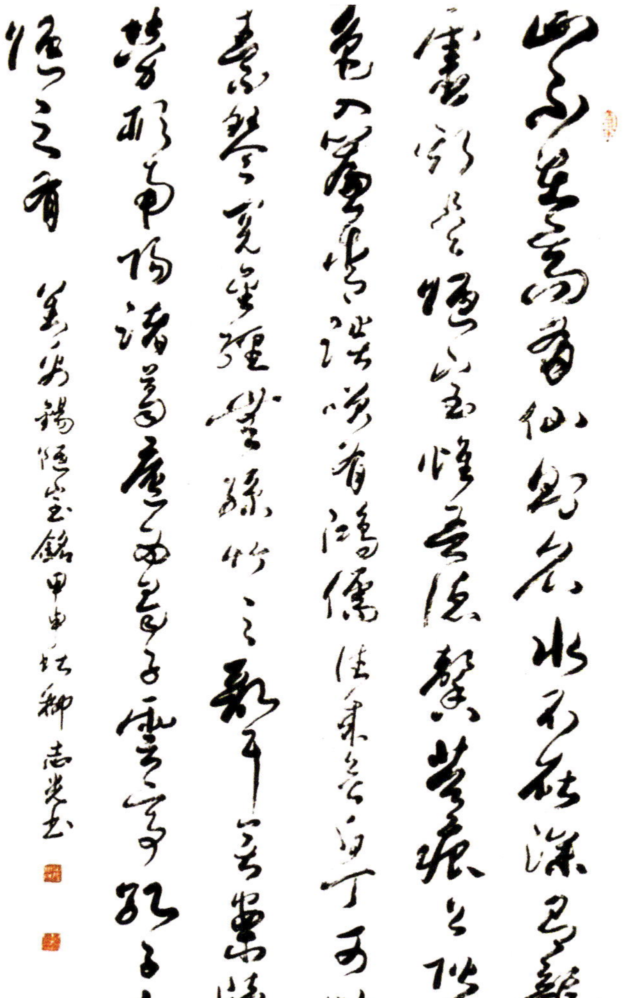
山不在高有仙則名水不在深有龍則靈斯是陋室惟吾德馨苔痕上階綠草色入簾青談笑有鴻儒往來無白丁可以調素琴閱金經無絲竹之亂耳無案牘之勞形南陽諸葛廬西蜀子雲亭孔子云何陋之有
劉禹錫陋室銘 甲申 柳志光書

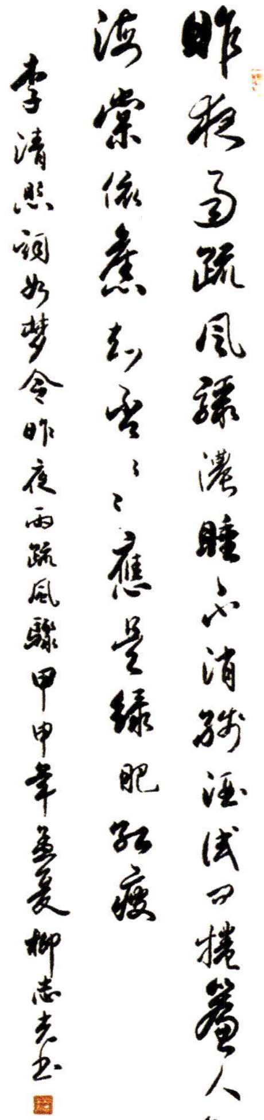
昨夜雨疏風驟濃睡不消殘酒試問捲簾人卻道海棠依舊知否知否應是綠肥紅瘦
李清照詞如夢令昨夜雨疏風驟 甲申年 柳志光書

鲁德林　　LuDeLin

鲁德林　男，1951年11月出生，河南新野人。大学文化。大校军衔，系中国人民解放军总装备部某部原政治委员；现为中国书法家协会会员，中国硬笔书法研究会会员等职。鲁德林曾长期在北京军区和总政治部机关工作。数十年来，在中国书法家协会顾问、原副主席李铎和常务理事夏湘平的悉心指导和影响下，他坚持在继承传统基础上辛勤耕耘，在创作实践中不懈探索，坚持艺术创作以本职工作相融合，以书滋养，以艺带兵，是领导干部中深受部队官兵喜爱。活跃于当代书坛具有专业水准的书法家之一。其书法功底深厚，涉猎广泛，起草隶篆四体兼工，尤以行草书见长。隶出汉碑，楷法颜、柳、欧、草随二王、张旭、怀素、米芾、王铎。以研习我国书法最优秀的代表作品入道，融古纳今，书路广阔　为形成自己的风格奠定了坚实雄厚的基础。书法作品具有苍劲凝重、古朴沉雄、开张跌宕、奇崛清新的风貌，洋溢着军人的特质和阳刚之美。作品多次在全国、全军书法大赛中获奖和在国家级报刊上发表。有的被博物馆、碑林收藏。其传记辞条入录《中国当代书法家大辞典》、《中国当代书法家名人录》、《中国专家大辞典》、《中外名人词典》、《世界华人英才录》等辞书。

地址：北京市朝阳区大屯路南沙滩四号院　　邮编：100101
电话：010-64886851

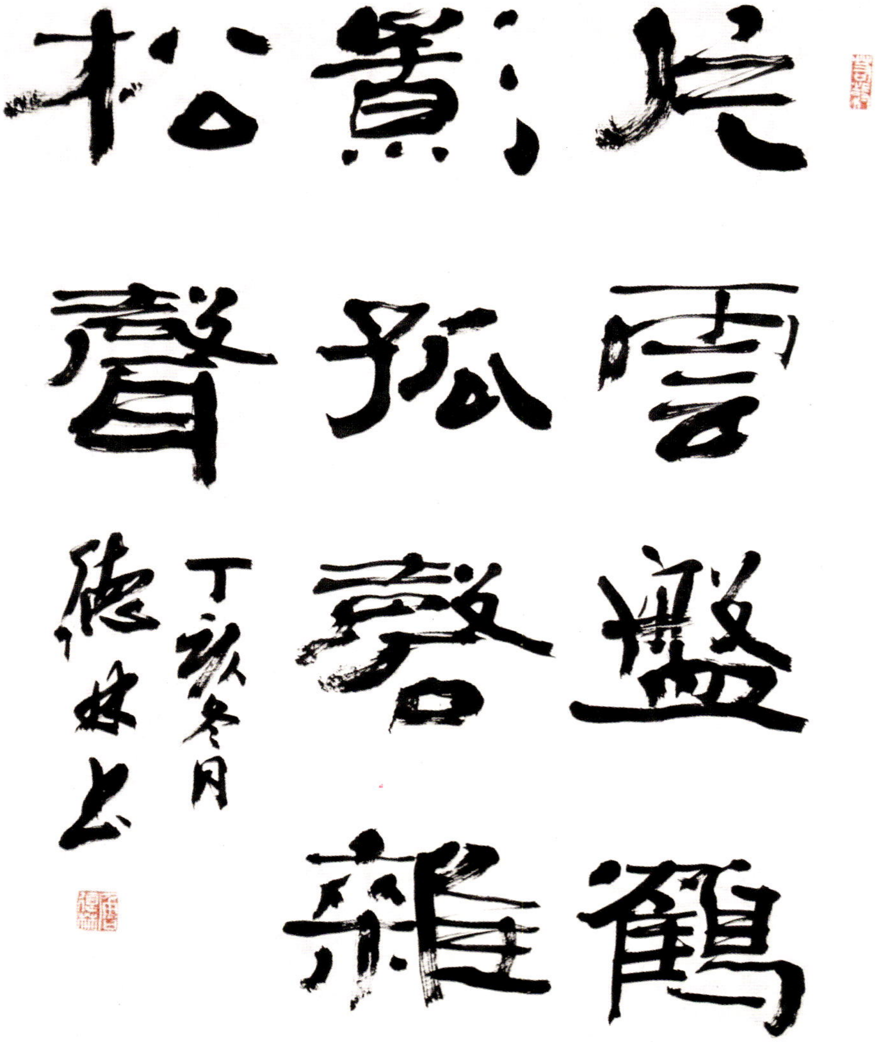

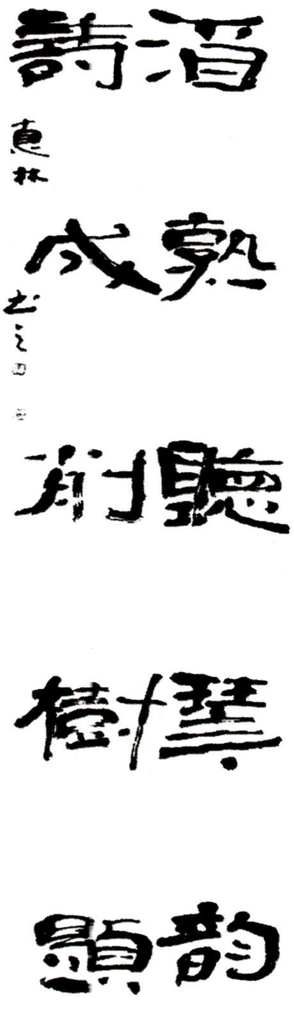

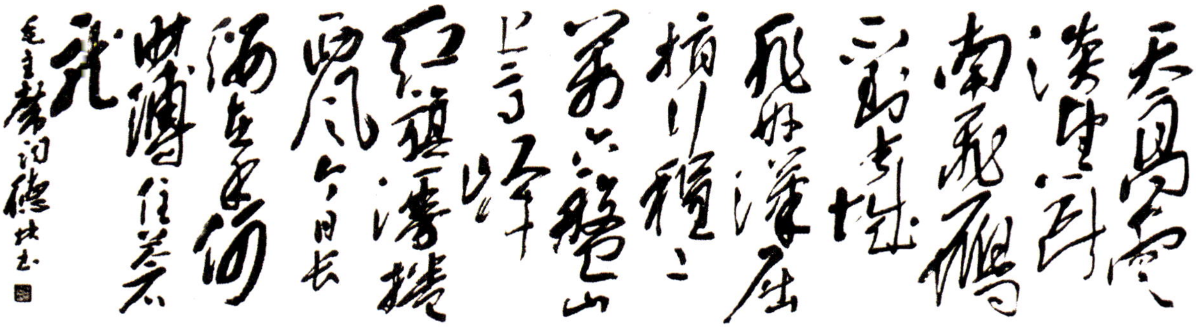

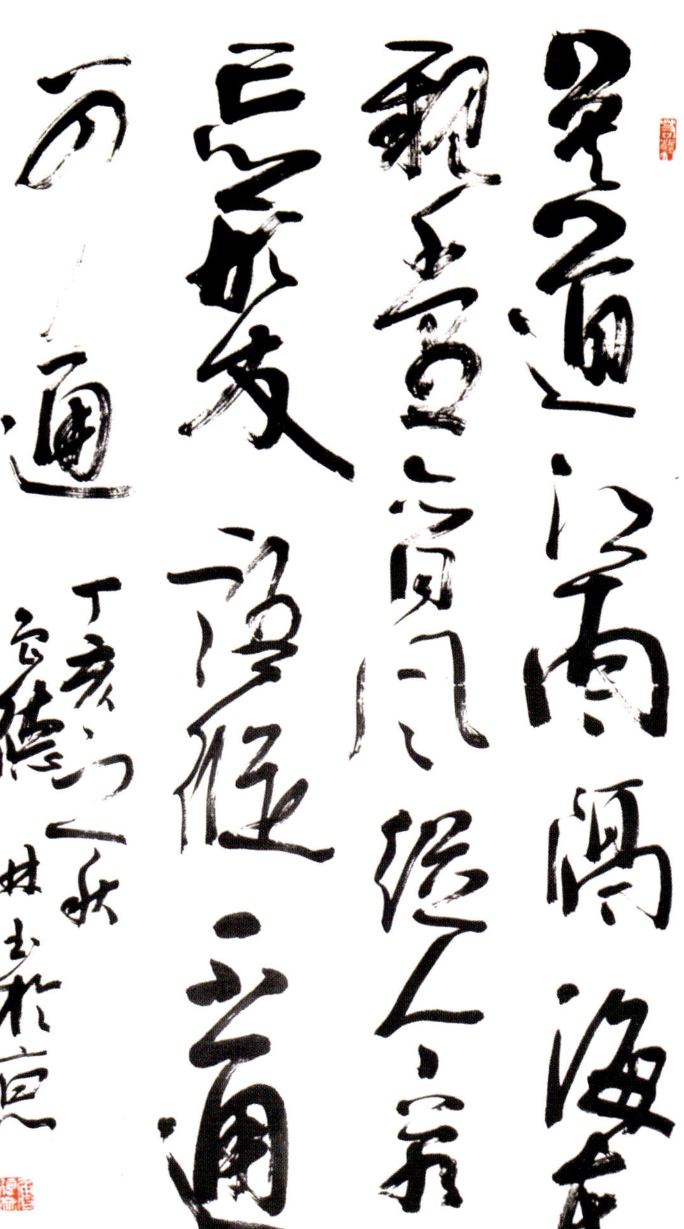

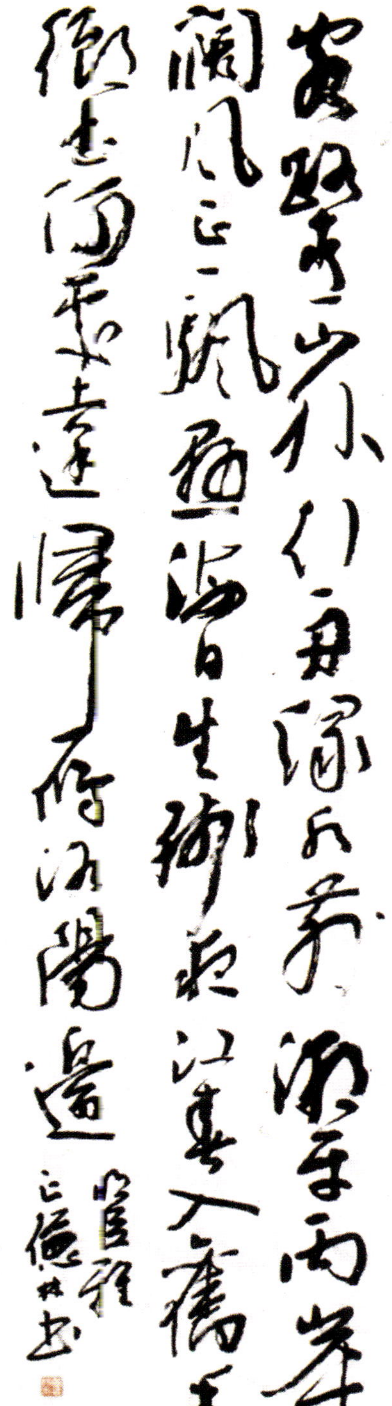

张永金　　ZhangYongJin

张永金，书法家，字木人，1943年生，江苏张家港人。自幼喜爱书法，后投笔从戎，长期在军委统帅机关任职。1985年加入中国书法家协会，现为中国将军书画研究院执行院长，北京中韩书画家联谊会副会长，北京百将书画艺术中心主任，中国榜书艺术研究会顾问，《东方之子》杂志艺术顾问等职。热心社会公益活动，曾参与发起并主持中国书画家海啸赈灾大型书画笔会，多次组织老将军参与筹建“将军希望小学”等慈善爱心活动，受到社会的关注。多次举办将军和名家书画展览。为把将军们的精神化为美的符号永驻人间，他与他的战友积极创办了中国将军书画研究院，为宣传和研究古今“将军书画”提供了广阔的平台和保障。与他人合作编辑出版了《书法字海》、《当代中国书法艺术大成》等多种大型辞书。书法宗二王，各体皆涉，尤擅行草，风格萧散简远，气势开张，飘逸秀美。作品流传甚广。多次参加国内外重大书展并有获奖，刻石于多处碑林。传略和作品收入《中国当代书法家辞典》、《世界传世名画法书鉴赏》、《世界名人录》等几十种专业典集。曾在中国美术馆等地举办个人书法展，著有《张永金书法艺略》、《张永金书法艺术》、《行草风景诗50首》等。主编出版《将军书画集》、《将军·名家书画选》、《共和国将军书画选集》、《共和国将军和谐文化书画集》、《中国将军书画家研究》等。

网址：www.jiangjun.org.cn

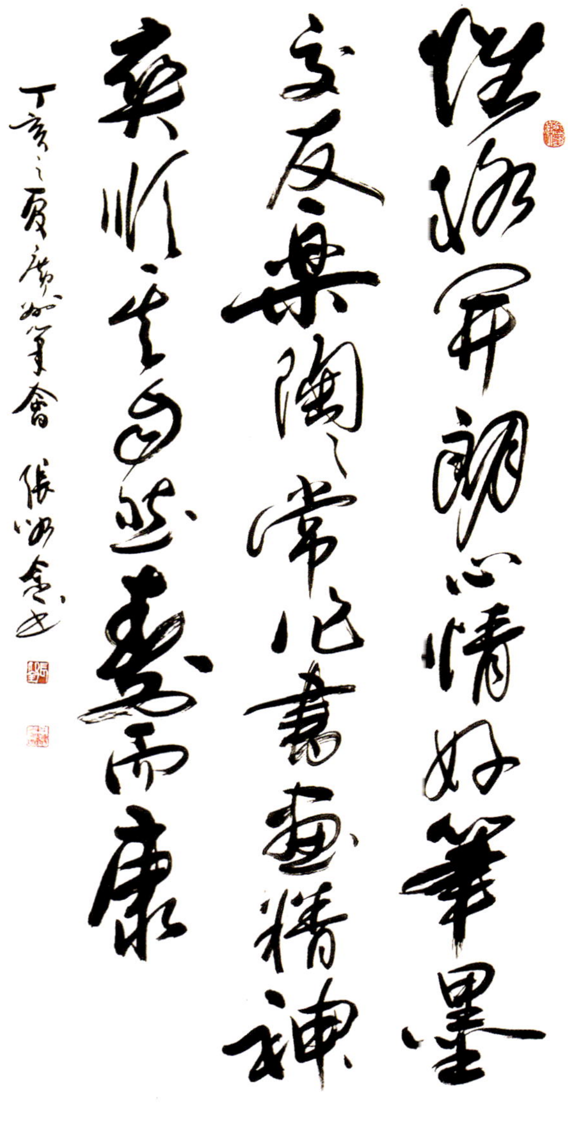

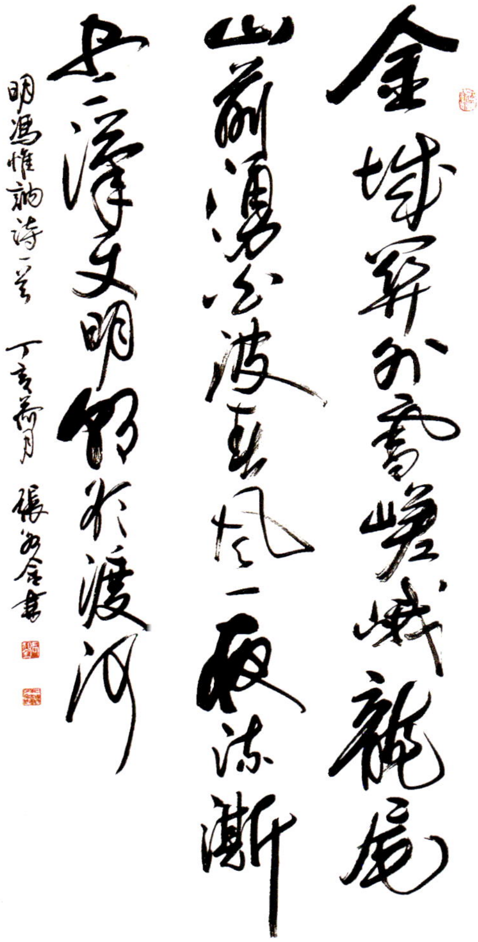

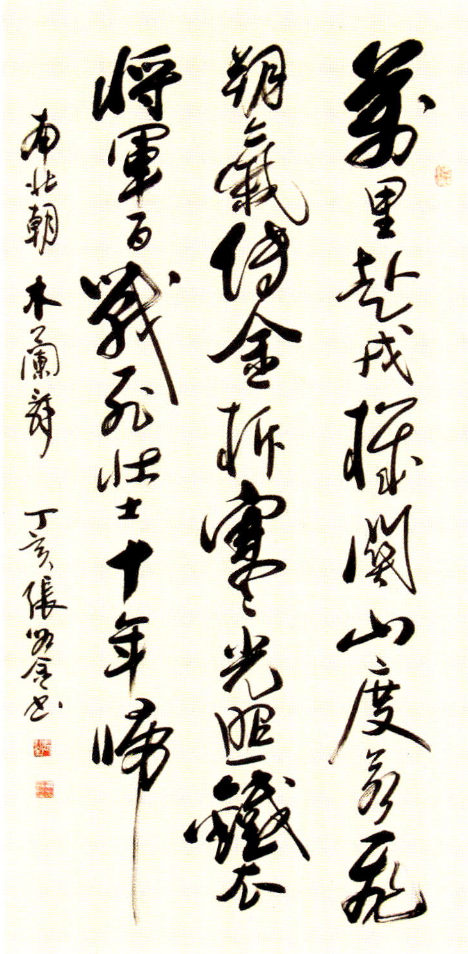
萬里赴戎機
關山度若飛
朔氣傳金柝
寒光照鐵衣
將軍百戰死
壯士十年歸
南北朝 木蘭辭

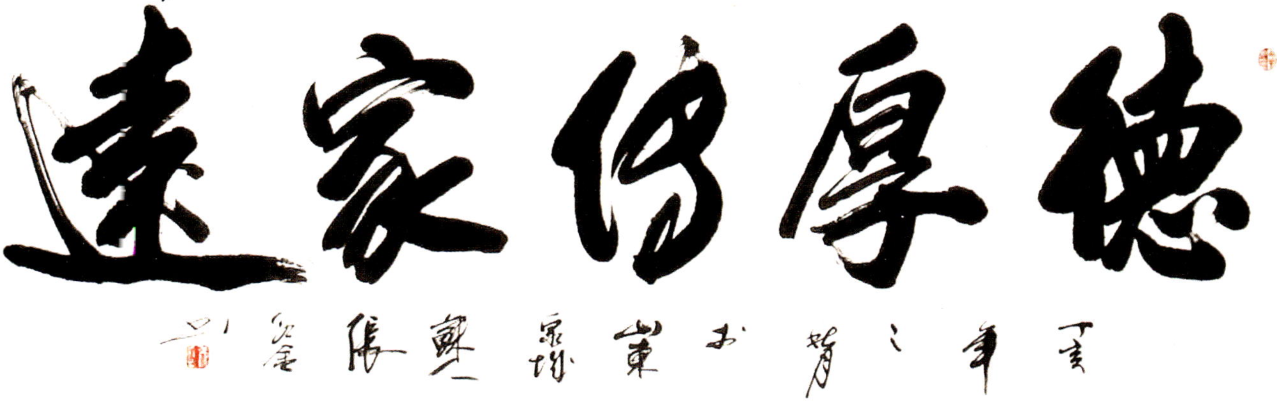
德厚傳家遠

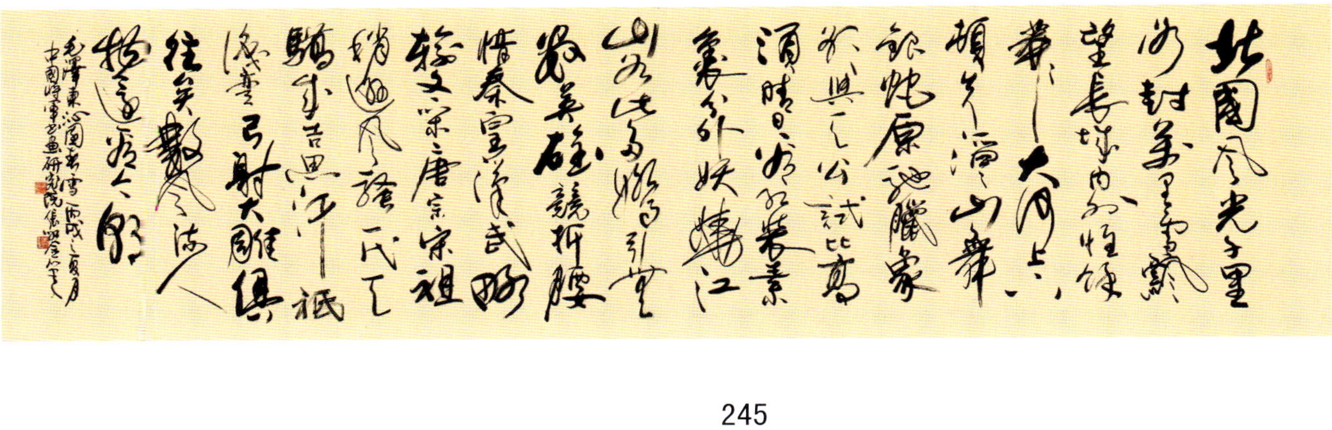

张国辉　　ZhangGuoHui

张国辉，男，汉族，1953年10月生于河北定兴县，中共党员，高中文化，结业于中国书法教育刊授部。现任中国书画研究院研究员；中国文化艺术促进会榜书艺术研究会会员；长城魂当代书法协会名誉副主席；书法艺术协会终身客座教授；东坡书画研究院院士、常务理事。

自幼受父亲书法影响酷爱书法艺术。作品曾获首届太白杯全国书画大赛金奖；第十届长城杯全国诗书画大展赛世界巡回展金奖；获百强艺术家；部分书法作品被入编《中华传世书法鉴赏书画集》、《中国书画研究院成员明鉴》《民族魂中国书法作品集》、《中国书画家大典》、《中国现代书法篆刻界名人录》、《当代书画名人墨香四海新作大典》等十几部书话典籍中。

电话：010-82404147　　　13521046266

地址：北京海淀区西北旺夏霖园2楼2单元103室　　邮编：100094

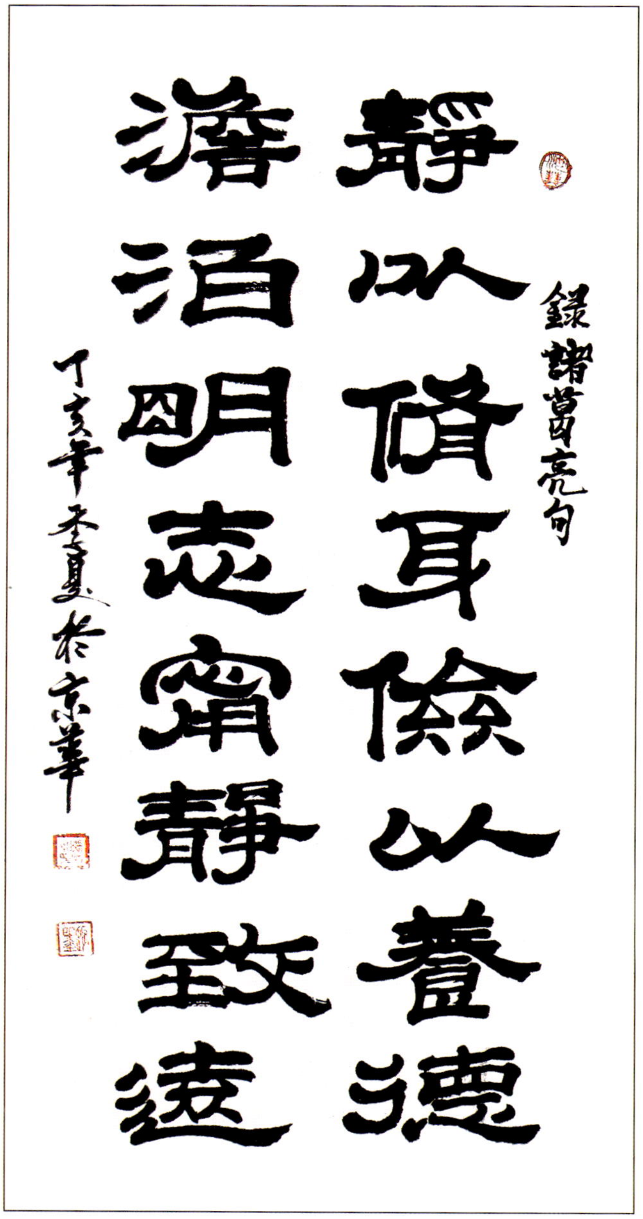

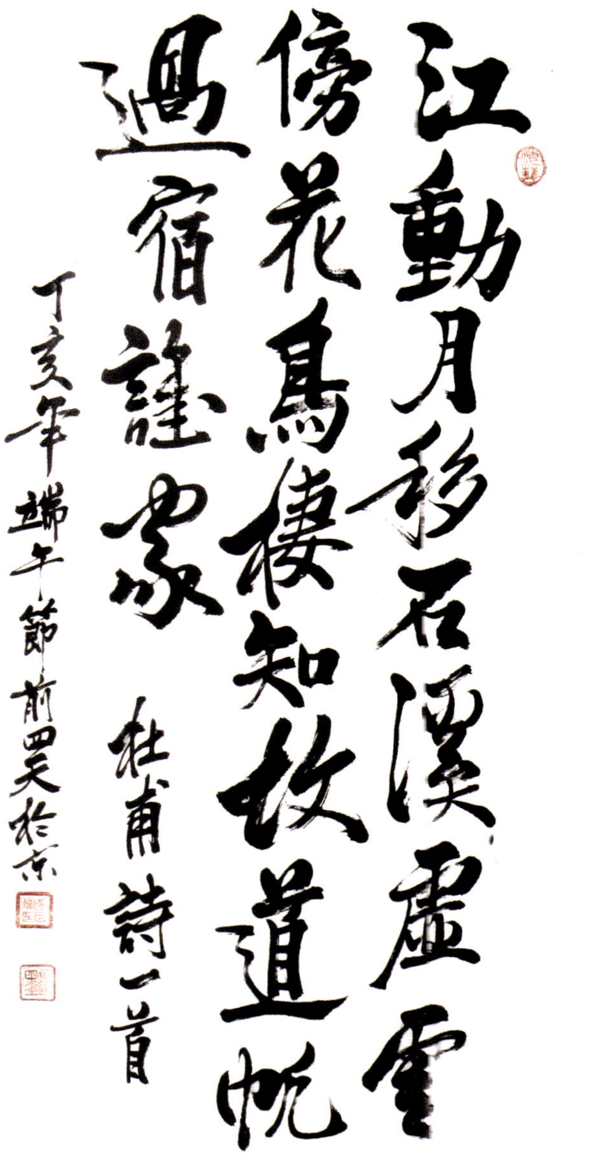

李渝林　　LiYuLin

李渝林，斋号颐心阁，河北邯郸市人，大专文化，职业书法家．55年底生于重庆书香门第，家传师教，古学颜柳汉隶二王等，今师名流大家之手迹，四十余载的翰墨生涯，融古贯今，自出一格，其书法以清秀、质朴、苍劲的艺术风格普受书法同道及社会名界的赞誉，颇具欣赏收藏价值．可书写 各种规格字体，从大号榜书到绢纸本小楷皆能，以隶书、行书及小楷见长．其作品多次入展国家级大赛并获金、银大奖及等级奖；载录《全国书画大赛精品集》《中国文人书画家选集》《中华美术》《中国当代书画名家年鉴》等典籍；作品得于海内外人士及北京荣宝斋、中国国际收藏协会、中国书画出版社、中国铁路出版社等重要媒体的报道和收藏。06年被中国文人书法家协会授予“中国文人艺术家贡献奖”；07年被中国新闻社艺术研究院授予 “21世纪著名书画家”称号。

李先生时任中国文人书法家协会会员，中国国际收藏协会书画委员会会员，北京华夏国艺书画院、广东中港书画院书画师，河南颜真卿书画院名誉院长等。

邯郸书画室地址：河北省邯郸大酒店颐心阁书画苑；邯郸市七一八所47号院8-14号
电话：0310-6150578　　13703107499　　邮编：056002
北京书画室地址：北京市丰台区东高地39栋70号
电话：（010）88535786　　13703107499　　邮编：100000

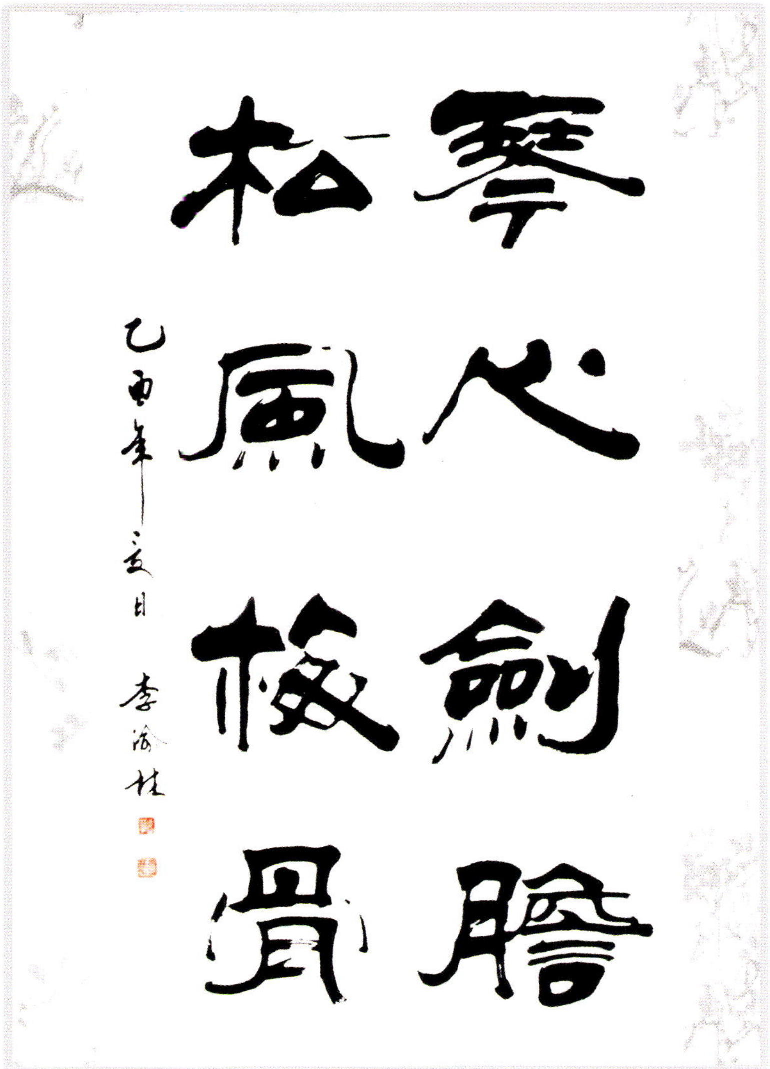

中堂　70 × 140cm

条幅　60 × 150cm

陈华飞　ChenHuaFei

陈华飞，男，1937年生，浙江永康人，大专文化。1956年1月参军。历任教员、干事、秘书、副师职研究员、副主任等职。现为北京市老年书画研究会会员，中原书画研究院高级书画师，当代藏典书画艺术研究院特约书画家，中国文化管理学会会员。书法作品曾多次参加总参谋部、全军和地方举办的书画展，并曾在中国美术馆、军事博物馆、劳动人民文化宫、四川、山东、浙江、湖南等地展出。曾获“王子杯”海峡两岸书画大赛二等奖、“三国文化”全国书画大赛银奖、奥运人文艺术杰出成就金奖、纪念周总理110周年大型书画活动金奖等。并获得“德艺双馨艺术家”、“奥运人文风尚杰出艺术家”、“当代中国书画艺术领军人物”等荣誉称号。其作品和传略入编《海峡两岸书画作品大观》、《海峡两岸书画名人大辞典》、《中华翰墨名家作品博览》、《中国墨宝藏典》、《一代名家》、《杰出华人艺术家》等辞书。不少书法作品被国内外单位或个人收藏。

通信地址：北京市海淀区花园北路35号东楼423室　　邮编：100083
电话：010--66748413（办）　010--66741795（舍）

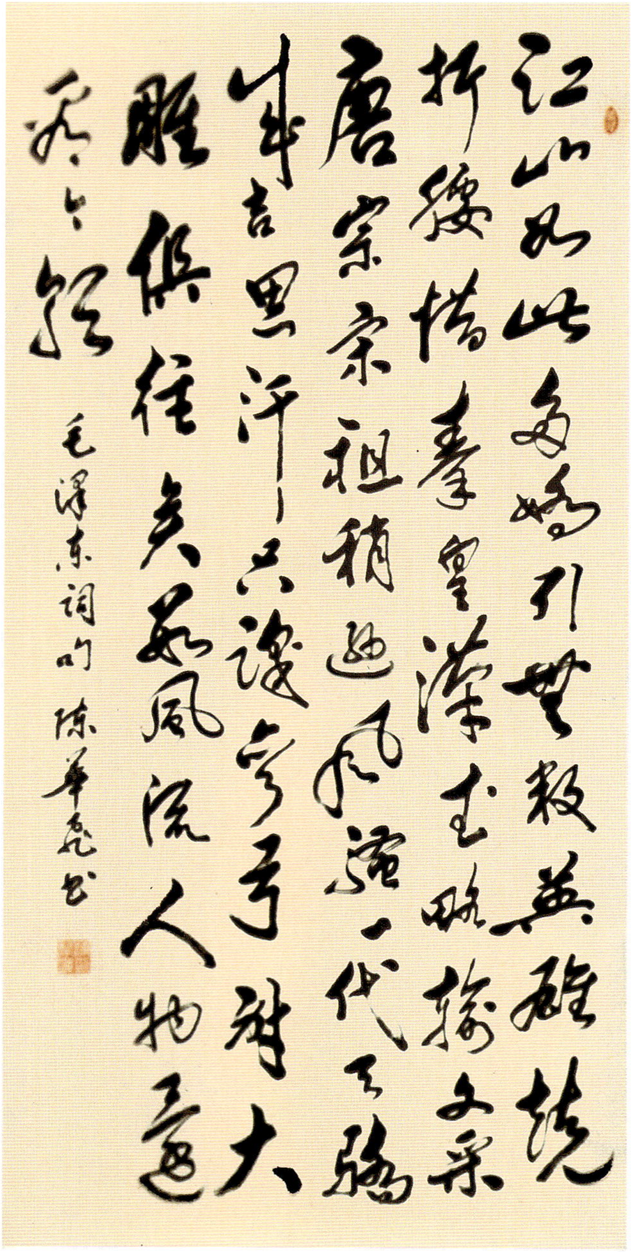

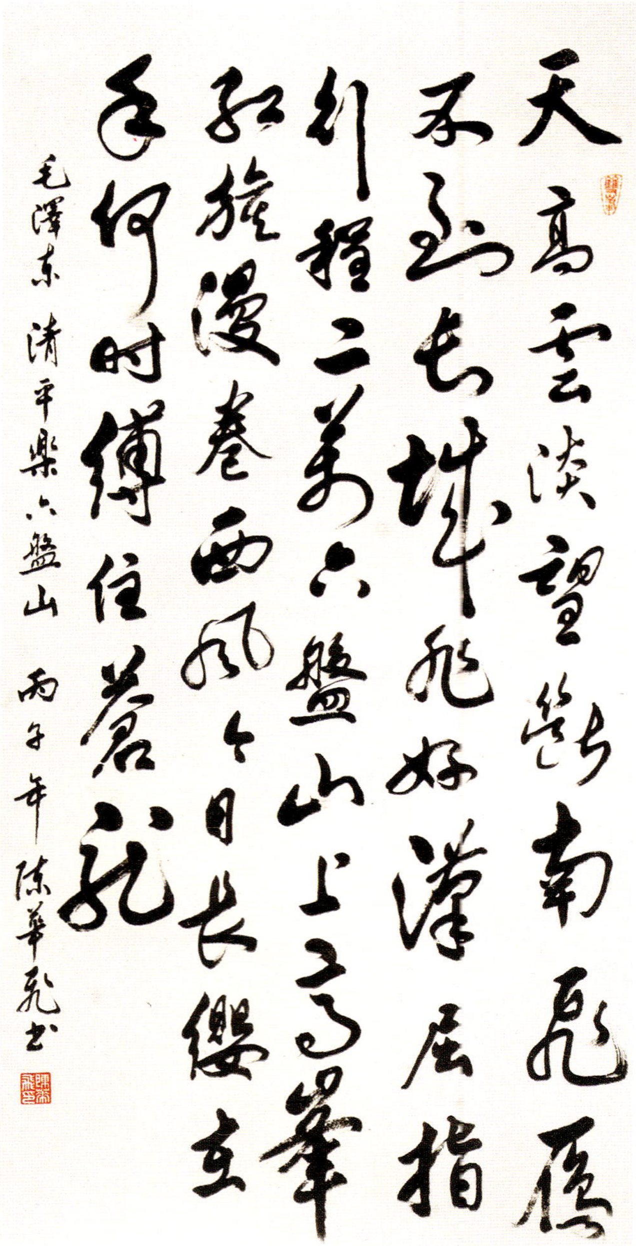

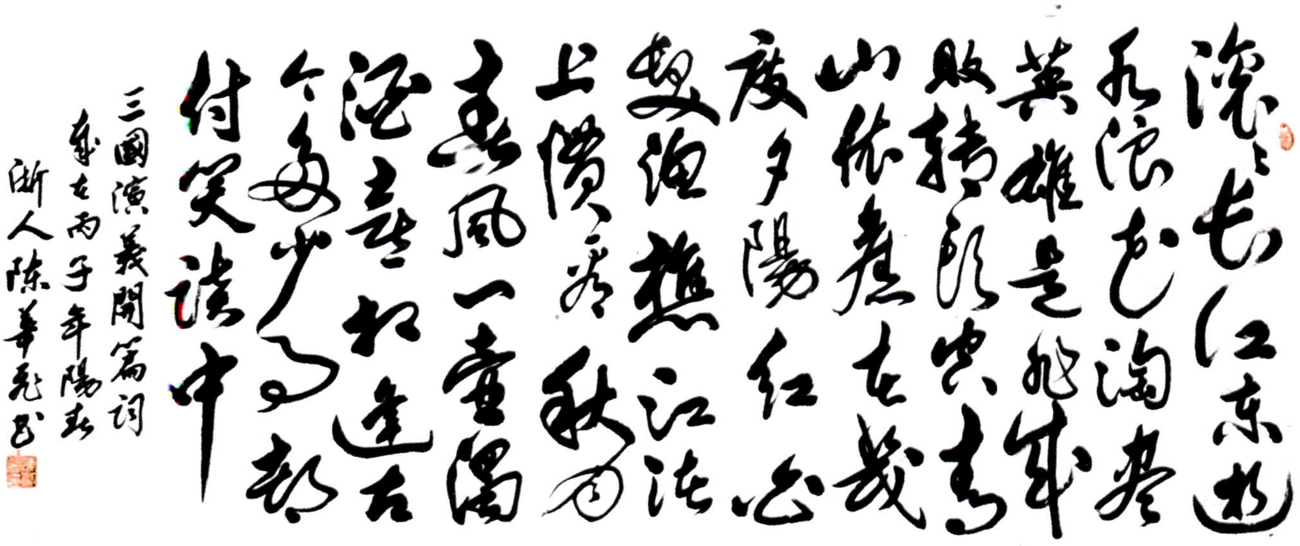

滚滚长江东逝水浪花淘尽英雄是非成败转头空青山依旧在几度夕阳红白发渔樵江渚上惯看秋月春风一壶浊酒喜相逢古今多少事都付笑谈中
三国演义开篇词
岁在丙子年阳春
浙人陈华飞书

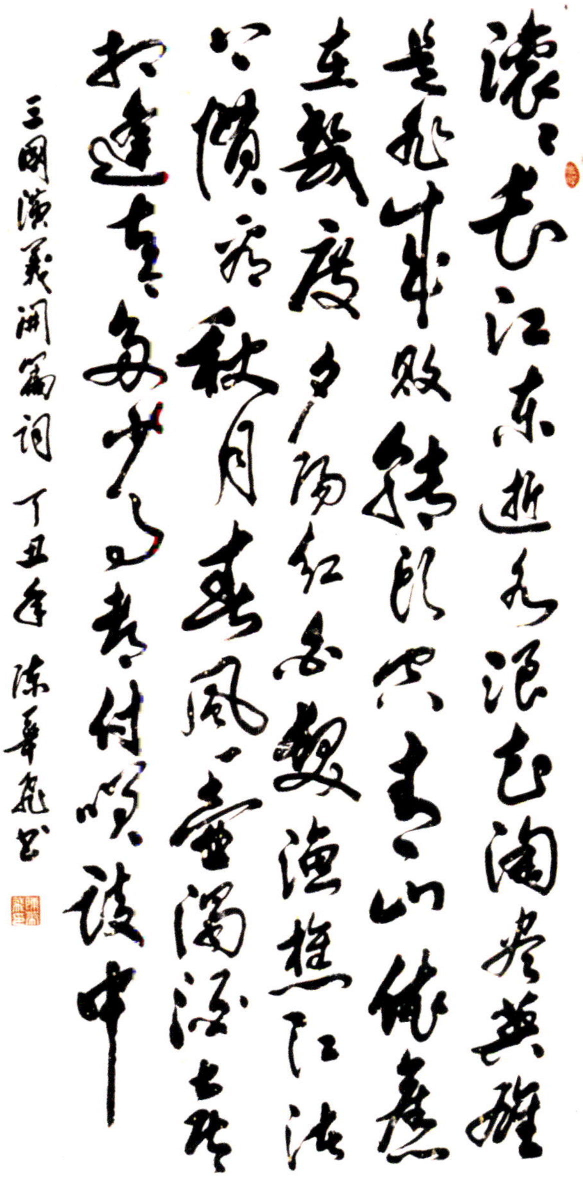

滚滚长江东逝水浪花淘尽英雄是非成败转头空青山依旧在几度夕阳红白发渔樵江渚上惯看秋月春风一壶浊酒喜相逢古今多少事都付笑谈中
三国演义开篇词 丁丑年 陈华飞书

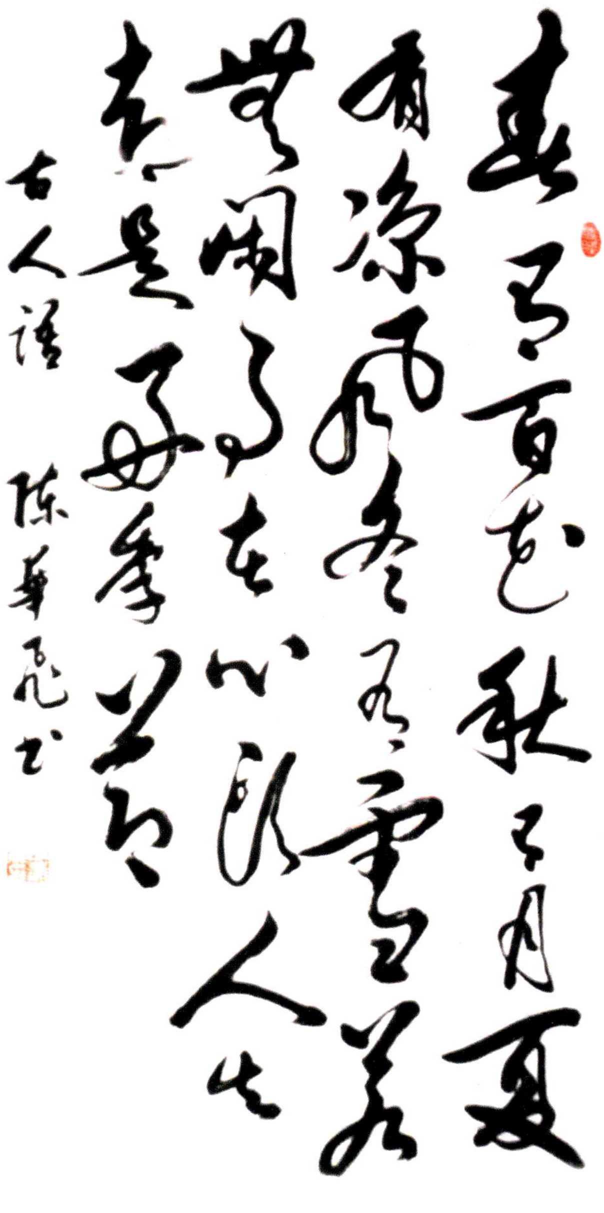

春有百花秋有月夏有凉风冬有雪若无闲事在心头人生都是好季节
古人语
陈华飞书

孙维平　SunWeiPing

孙维平　馆员1947年7月生于西安，字河东、大平、京兆，号故道居士、天宝斋主、风岭山人、又号永兴道人、雁塔墨佛、曲江渔隐、慈恩外史。曾任陕西凤县文化馆美术干部、西安焦化厂工会、西安钟表元件厂党委宣传部美术宣传干部四十年。现为中国名家书画院名誉院长、中国巴蜀书画篆刻艺术研究会名誉主席、中华当代书画艺术研究会名誉会长、中国书画艺术促进会理事、中国书法美术家协会理事、中国国际文艺家协会博学会员、名誉理事、世界和平女神香港基金会书画艺委会常务理事、中国书法研究院艺委会委员、中国书画研究院艺委会委员、中国美术家研究院学术研究员．中国国学研究会研究员、中国书画家协会会员、中国国画家协会会员、中国文人书画研究院书画师、华夏国艺书画院高级书画师、中原书画研究院特邀高级研究员、江苏花果山国画院副院长、陕西省美术家协会会员、陕西省书法家协会会员、陕西岐阳印社理事、（台湾）中国书法家协会荣誉委员等。

自幼酷爱书法、美术、曾受徐悲鸿、傅抱石大师的学生、著名国画家、原重庆国画院副院长杨鸿坤先生，中国美协理事、陕西美协组联部长安正中先生、原陕西省书协副主席李子青的亲点指导。书法作品多以榜书、行书、草书见长，行书、榜书大气磅礴、洒脱豪放，草书，具有颠张、二王之气势，毛体、于书之法度，更有徐渭、傅山之妙法，书作如行云流水，神采飘逸，有游龙惊鸿之态、腾蛟起凤之气势。国画作品尤以人物、山水见长，代表作品有：《傅山作书图》、《薛瑄过凤县图》、《青藤狂书图》以及近三年创作的巨幅山水长卷（240m X 0.95m）《浩瀚秦岭图卷》等，其风格气势恢宏，浑然雄壮，具有较强的艺术感染力。

1970年以来，书画作品多次参加省市全国书画大展和第三届中国艺术节大联展等，多次获奖。近年来，书画作品获“中华世纪艺术名家名作奖金奖”、“献给祖国、献给母亲，中国书画名家大展金奖”，“纪念中国抗日战争胜利60周年作品联展”一等奖、纪念毛泽东诞辰110周年“风景这边独好”作品展一等奖、“中华艺术华表奖金奖”、“纪念香港回归10周年中国书画名家作品展金奖”及“二届、三届海峡两岸书画交流大展优秀奖”、“华流中国书画艺术作品影响力大展优秀奖”，“中国电影百年书画大展佳作奖”等多项大奖。2007年8月巨幅书法作品《中华龙》入展“2008和谐中华迎奥运全国美术书法摄影展”，2007年12月书法作品入展“中日议员、公务员书法展”。被中央电视台、美国中国美术家协会、国际美术家联合会、世界华人书画家协会、中国国际文艺家协会、中外名人文化研究会等艺术团体授予“优秀书画家”、“中国过节知名书画家专家学者”、“杰出艺术家”、献爱心优秀人民艺术家、“国学明珠艺术家”、“翰墨中国艺术名家”、“中国杰出文化名人”、“热衷公益事业的人民艺术家”、“中华书画大师”等荣誉称号。

作品润格：国画每平方尺￥6000元，书法每平方尺￥4000元。 孙维平艺术工作室地址：西安南郊长延堡（杏园小区东区一号楼3-301室）

傅山作书图　180×95cm　2007年

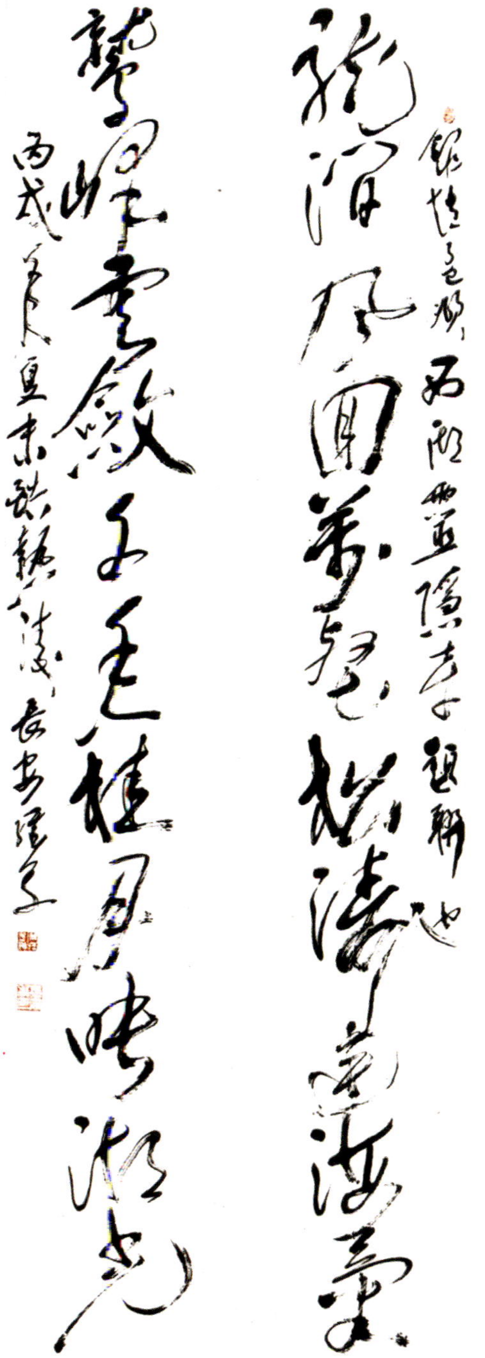

书法对联 67 × 202cm 2006年

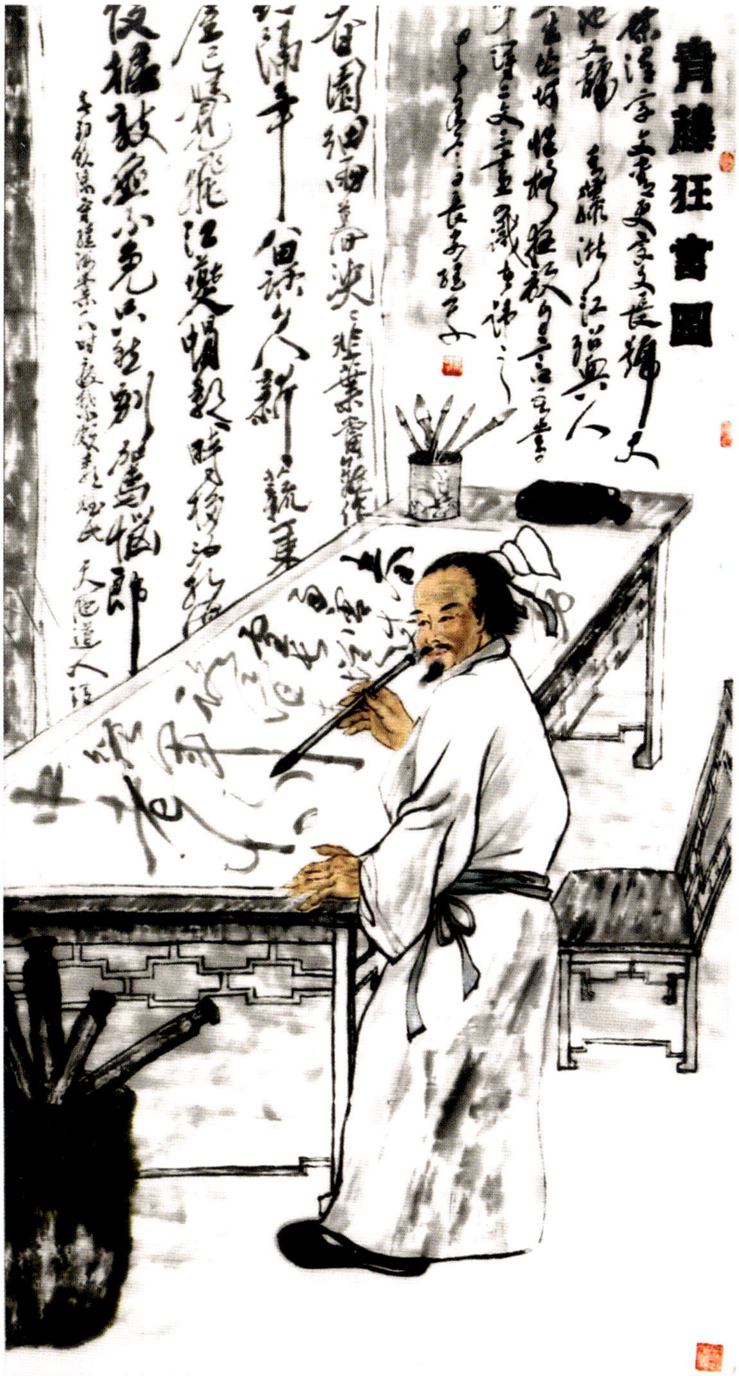

青藤狂书图 180 × 95cm 2004年

浩瀚秦岭图卷 240×0.95m（局部） 2005-2007年

黎明中　LiMingZhong

黎明中，号蒙水边人。1999年获启功大师亲荐加入中国书协，2004年成为《中国人物年鉴》收录介绍的中国书法名家之一，2005年7月在北京成功举办个人书法展，2006年经ISQ9000A国际艺术资质认证评审并由廖静文先生审签获中国著名书法家称号，2007年4月蒙王学仲先生在人民日报著文予以鼓励评价。其书作多次在全国参展并获奖，连续在《人民日报》美术版、《人民日报海外版》，《中国书法》、《中国书画家报》、《中国书画报》、《中国文化报》、《书法导报》等报刊及网络媒体发表并有专题评价，且为北京人民大会堂等收藏。2007年4月两幅书作首次在北京竞拍成交获得良好效果。2007年7月参加在新加坡举办的中国当代书画家作品联展获较高评价，数幅书作现场被藏家认购。2007年9月参加在首尔举办的中日韩第13届美术节获韩国国家旅游局局长奖。

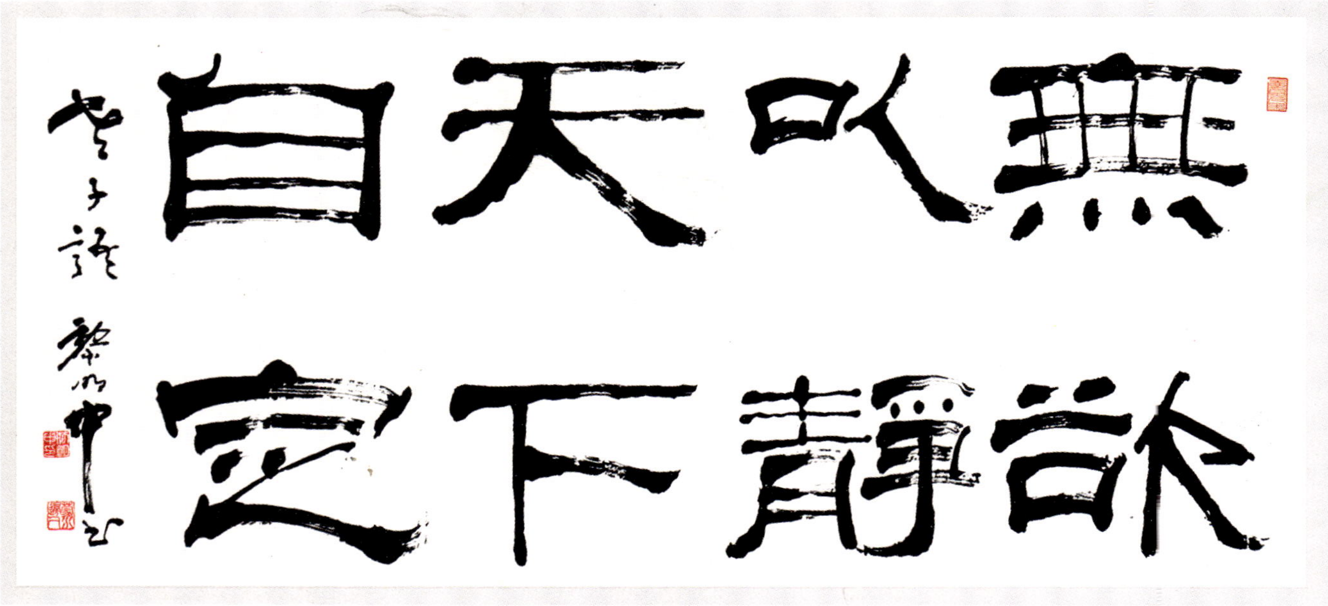

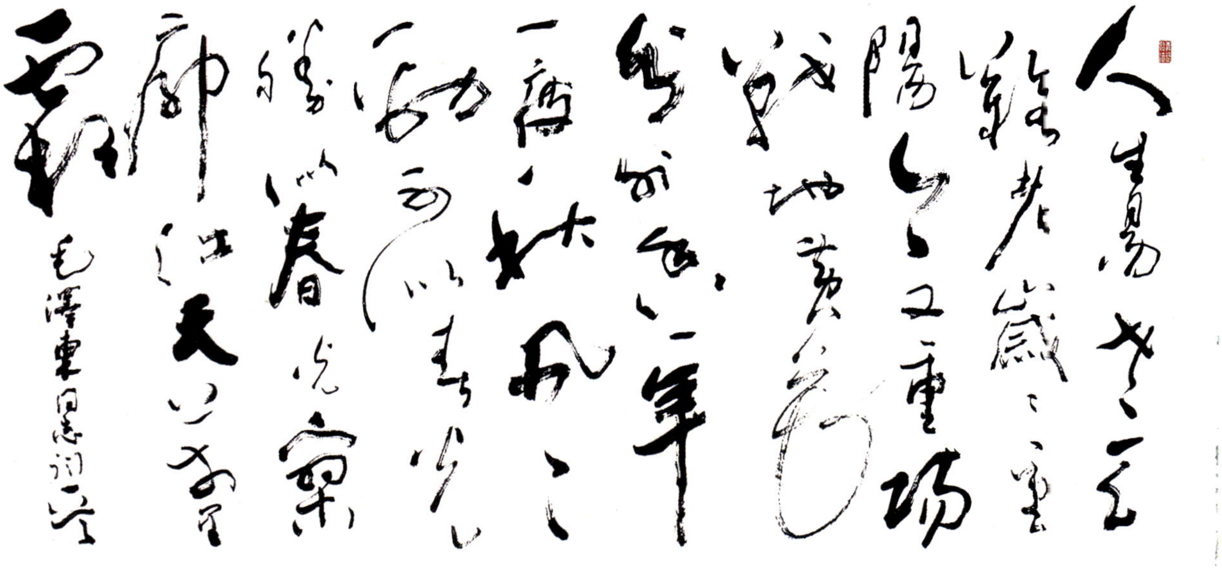

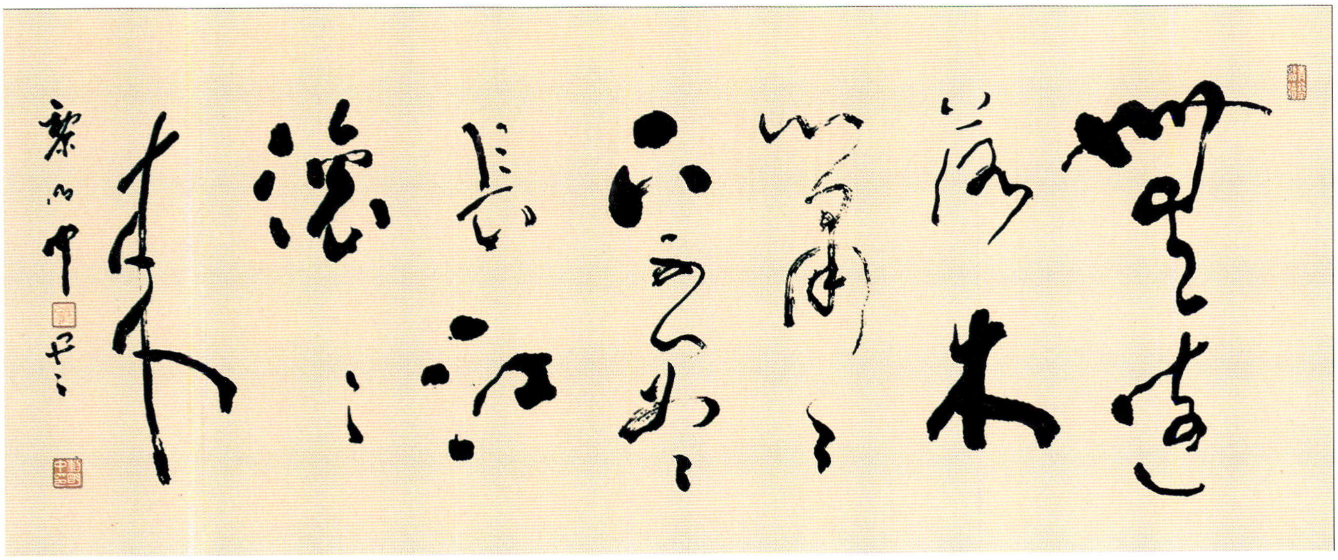

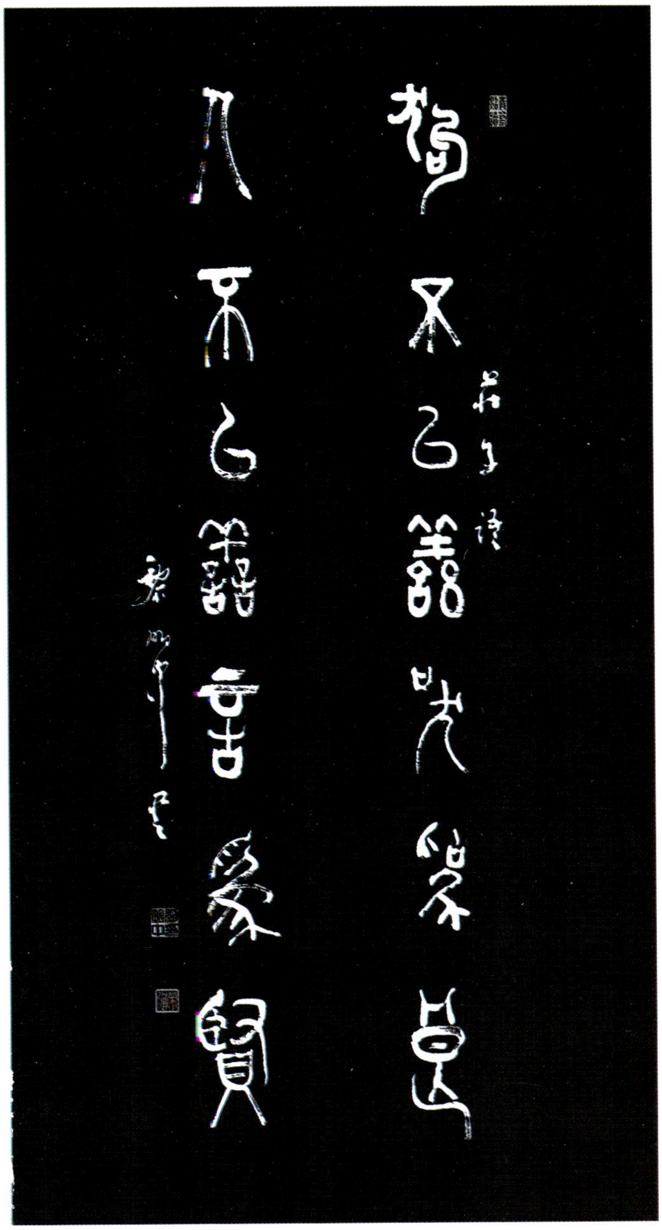

中国当代书画名家年鉴

主　　编：李响
副 主 编：肖胜英　王小林　李震
名誉主编：韩耀刚
责任编辑：罗彩云
主　　任：肖胜英
副 主 任：郭岚　凌启龙
委　　员：王宁　顾欣　王杰　姜东　郑祖辉　韩靖　李文英
图文设计：张田田　张东瑜
支持单位：中国企业报社
出版单位：中国书画出版社
总 顾 问：沈学仁
顾　　问：旭　宇　王梦湖　许世山　梁　耘
刘振骠　宋风翔　蔡德林　王　康　谢海林
版　　次：2008年3月第一版第一次印刷
开　　本：210mm×285mm　1/6
印　　张：22.5
印　　数：50000册
书　　号：ISBN 978-988-9533-35-9
定　　价：600元